KB217978

나이 드는 내가 좋다

인생 후반전, 삶의 의미와 평화를 찾는 아름다운 지혜

나이 드는 내가 좋다

요한 크리스토프 아놀드

원마루 옮김

포이에마
POIEMA

나이 드는 내가 좋다

저자 요한 크리스토프 아놀드 | **역자** 원마루

1판 1쇄 발행 2014. 1. 27. | **1판 10쇄 발행** 2024. 7. 1. | **발행처** 포이에마 | **발행인** 박강휘 | **등록번호** 제300−2006−190호 | **등록일자** 2006. 10. 16. | 서울특별시 종로구 북촌로 63−3 우편번호 03052 | 마케팅부 02)3668−3260, 편집부 02)730−8648, 팩스02)745−4827

값은 뒤표지에 있습니다. ISBN 978−89−97760−70−1 03230 | 이메일 masterpiece@poiema.co.kr | 좋은 독자가 좋은 책을 만듭니다. | 포이에마는 독자 여러분의 의견에 항상 귀를 기울이고 있습니다.

결혼의 신의와 예수님에 대한 믿음을 끝까지 지키며
노년을 풍요롭게 사셨을 뿐 아니라 수많은 이의 마음을 움직인
양가 부모님에게 이 책을 바친다.

이 책에 쏟아진 찬사

나이 듦을 노래하는 한 편의 교향곡! 이야기에 귀 기울이는 법을 아는 저자가 다양한 사람들의 이야기를 엮어 멋진 작품을 완성했다. 자칫 감상적으로 흐르기 쉬운 주제를 차분히 잘 풀어냈다.

_유진 피터슨, 《메시지》 저자

곳곳에서 지혜와 용기, 희망이 샘솟는다. 이 책에서 내가 만난 사람들, 그리고 그들이 들려주는 이야기는 하나님이 우리의 인생 여정에 매순간 동행하신다는 확신을 안겨준다.

_리처드 포스터, 《영적 훈련과 성장》 저자

읽는 이의 삶을 풍요롭게 하는 책이다. 자기 삶이 얼마 남지 않았음을 아는 저자는 노년에 겪는 어려움을 직시한다. 돌려 말하지도, 일시적인 '진정제'를 처방하지도 않는다. 노년을 영원의 관점으로 바라보면, 노년에 겪는 어려움마저도 깊은 의미가 있다고 우리를 일깨운다. _앨리스 폰 힐데브란트, 뉴욕시립대학교 명예교수

탁월하지만 젠체하지 않는다. 내가 아는 한 나이 듦에 관한 단연 최고의 책이다. 읽는 이의 마음을 어루만지고 기운을 북돋는 힘이 대단하다. _제임스 패커, 《하나님을 아는 지식》 저자

노인은 사회의 짐이라는 통념을 단번에 날려버린 책이다. 심각한 병으로 고생하는 와중에 이 책을 읽으면서 책장을 넘길 때마다 "맞아!" 하고 무릎을 쳤다. _마이클 웬햄, *I Choose Everything* 저자

장수하는 사람은 늘어나는데 우리 사회는 그들을 돌보고 영적 필요를 채울 준비가 안 되어 있다. 이 책은 나이 들 때 겪는 어려움을 에둘러 말하지 않는다. 능력 상실, 건강 악화, 외로움, 생의 끝이라는 주제를 주변 사람들의 실제 이야기를 통해 감동적으로 풀어낸다. 진실에 바탕을 둔 저자의 깊은 통찰은 노년에 접어든 사람들과 그 가족들, 노인을 돌보는 이들에게 희망 가득한 길을 열어 보여준다. _스티브 오티, 필그림스 호스피스 원장

이 책 속에 가득한 희망의 말을 가만히 음미해보라. 내가 요즘 부르는 노랫말 그대로다. "지금 이 순간 당신과 내가 하는 일이 영원에 영향을 주네. 하나님은 나를 믿어, 하나님은 당신을 믿어."
_피트 시거, 가수 *Pete Seeger*

두고두고 읽어야 할 영감 넘치는 책이다. 나처럼 나이 들고 죽음이 두려운 이들을 위한 책이다. 저자는 우리에게 내려놓는 법을 배우고 희망을 잃지 않고 생의 마지막까지 "고마워요" 하고 고백하라고 격려한다. _메리 크레이그, *Blessings* 저자

노년은 인생이라는 스테인드글라스 가운데 가장 화려한 부분이 될 수 있음을 보여준다. 가만히 멈춰 서서 감탄하고 경외심을 갖게 되는 그런 스테인드글라스다.
_에드먼드 아다무스, 영국 웨스트민스터 교구 결혼 및 가족생활 분과 감독

교황 프란치스코와 베네딕토가 우리 삶을 인도하는 중요한 길잡이로 제시한 '믿음의 빛'을 이 책에서 발견하게 되어 참 기쁘다. 이 책은 우리가 기독교인으로서 공유하는 믿음의 유대를 증언한다. _션 오말리 추기경, 보스턴 대주교

저자는 깊이 있고 자극이 되는 실제 이야기를 통해 사람들과의 관계 속에서 의미 있는 삶을 사는 우아한 노년 생활로 우리를 안내한다. 이 책을 읽으며 영적 풍요를 만끽하길 바란다.
_마르바 던, 《내가 알아야 할 모든 것은 창세기에서 배웠다》 저자

놀라운 책이다. 노인을 걱정하는 사람들에게는 지혜의 보물이고, 나처럼 몸에서 힘이 빠지는 걸 느끼는 사람들에게는 용기가 가득한 금광이다. _플래밍 러틀리지, 《죽음의 취소》 저자

추천의 말

예전에 한 텔레비전 방송에서 영화배우 루스 고든과 남편 가슨 캐닌을 인터뷰한 적이 있다. 칠십 대 중반인 그들에게 "노년기에 접어들면서 가장 힘든 점이 뭔가요?"라고 묻자, 그들은 한목소리로 "친구를 잃는 거요"라고 대답했다. 그리고 루스는 이렇게 덧붙였다. "나이 들어가는 모든 분에게 꼭 여러 세대의 친구를 두루 사귀라고, 열 살, 스무 살, 서른 살, 마흔 살 아래 친구를 사귀고, 또 친구가 되어주라고 말하고 싶어요."

아주 좋은 충고다. 저자처럼 칠십 대인 나 역시 나이가 들수록 십 대 손주들과 친구가 되는 것이 만만치 않다는 걸 실감한다. 그래서 나는 과거와 현재의 사건을 잇는 공통점을 찾으려고 늘 노력하는 편이다. 손주가 전화를 걸어 이렇게 물으면 왠지 신이 난다. "할아버지는 그 사건 직접 겪으셨지요? 그때 어떠셨어요? 역사 수업 시간에 배우고 있거든요." 아이들은 모두 이야기를 좋아하기 때문에 이런 식의 대화는 젊은 세대와 나이 든 세대가 공통점을 찾는 데 큰 도움이 된다.

　서구 문화에서 최악의 순간을 하나 꼽으라면, 집에서 노인들이 생활할 공간을 줄이고 대신 자가용 석 대는 족히 들어갈 만큼 큼직한 차고를 만드는 게 유행하기 시작한 때라 할 수 있을 것이다. 노인이 가족과 함께 살다가 집에서 생을 마무리하는 것이 당연한데도 양로원만 우후죽순 늘어가니 참 안타까울 따름이다. 오늘날 우리는 '자기 중심 세대'를 살고 있다. '자기 중심 세대'에서 벗어나 다시 '우리 중심 세대'로 나아가기를 바라지만, 젊은 세대와 나이 든 세대가 한 집에 살지도 않는 마당에 어떻게 세대를 잇는 공통분모를 찾을 수 있을까?

　나는 원주민 문화를 오랫동안 관찰하면서 그들이 통합하는 과정을 지켜보았다. 그중 가장 인상 깊었던 경험은 파나마의 원주민 부족인 엠베라 인디언을 방문했던 일이다. 보트를 타고 차그레스 강을 거슬러 올라가 엠베라족의 야영지에 도착했다.

그곳에서 엠베라족은 갓 잡은 틸라피아 물고기를 모닥불에 구워 맛있는 저녁 식사를 준비하고 춤도 추었다. 젊은이와 노인이 한데 어울려 춤을 추는데 젊은 사람은 나이 든 사람의 손을, 나이 든 사람은 젊은 사람의 손을 꼭 잡았다. 이 얼마나 멋진 모습인가? 젊은 세대와 나이 든 세대가 서로 소중히 여기고 기대는 모습 말이다. 그들의 모습에서 배울 점이 많다. 어떤 이들은 은퇴하고 활동이 뜸해져서 갈수록 사회에 도움이 '덜' 된다고 생각할지도 모른다. 하지만 인생이라는 춤 안에서 나이든 사람의 위치가 정말로 '더' 중요해지는 다른 문화에서 교훈을 얻을 수 있지 않을까.

이 책에서 저자는 우리 부부가 나이를 먹으면서 씨름해온 물음에 답을 준다. 우리 역시 매일 불쑥 다가오는 사소한 어려움에 부딪힌다. 예전에는 정해진 대로 나는 쓰레기를 내다버리고 아내는 청소기를 돌리는 식으로 해왔다. 그런데 나이를 먹으면서 모든 게 늘 똑같을 거라는 기대를 버리는 법도 배우고 있다. 정작 중요한 건 "고마워"라고 말하고 더불어 사는 인생의 선물을 값지게 여기는 것이다.

질병이 노년에 무거운 그림자를 드리운다는 사실을 우리 부부는 잘 알고 있다. 아내가 네 번이나 암 진단을 받았으니 말이다. 몸이 아프면 기꺼이 변화를 받아들여야 한다. 익숙했던 생활에만 매달릴 수는 없는 일이다. 암 같은 큰 병에 걸렸을 때만 그런 것이 아니다. 일상에도 소소한 변화가 생긴다. 나이가 들어 옛날에는 가볍게 들던 물건이 꿈적도 하지 않을 때는 도움을 청할 수밖에 없다.

나이 들면서 눈에 거슬리는 주변 일에 관대해지는 것은 여간 힘든 일이 아니다. 어쩌면 '관대함'이라는 말이 어울리지 않는지도 모른다. 정부 정책이나 유행하는 문화 중에도 못마땅한 것들이 있지만, 그래도 새로운 일에 열정을 보이려고 애쓴다.

젊음을 유지하고 젊은 세대와 교감하는 데 도움이 되기 때문이다. '열정enthusiasm'이라는 단어는 사실 흥미로운 단어다. 이 말의 어원은 '하나님'이라는 뜻을 지닌 '데오스theos'인데, 열정이란 원래 '하나님께 영감을 받았다'라는 뜻이다.

나도 아내와 함께 죽음 이후의 삶에 대해 생각해보곤 한다. 하지만 죽음을 두려워하지는 않는다. 우리가 '믿는다'라고 말하는 것을 정말 믿는다면 언제라도 떠날 준비를 해야 한다. 세상에 와서 할 일을 다 했다면, 굳이 이 시간 이곳에 더 머물겠다고 고집할 이유가 있을까? 저 너머의 세상이 그토록 영광스럽고 아름답다면 말이다.

천국이 있다는 사실도 의심하지 않는다. 어떻게 아느냐고? 그건 나이가 들면 저절로 알게 되거나, 잠시 멈춰서 생각하면 이해되는 하나님의 선물인지도 모른다. 여러분도 잠시 멈춰서 지금 이 땅에 사는 순전한 기쁨을 느껴보는 건 어떨까? 여름비를 즐기고 화단에 자라는 꽃을 한 번 바라보라. 시인 헨리 롱펠로는 이렇게 노래한다.

노년도 청춘 못지않은 기회이니
청춘과 조금 다른 옷을 입었을 뿐
저녁노을이 희미하게 사라지면
낮에 없던 별들이 하늘을 채우네

저자는 우리가 이 별들을 찾을 수 있도록 길잡이가 되어준다. 공들여 이 책을 써주어 고맙다.

롤란드 스미스
전 CBS 기자, 뉴욕 WCBS 방송 앵커

차례

Rich in Years

들어가는 말

    산책을 좋아하는 아내와 나는 여러 해 동안 길에서 많은 사람을 만났다. 어떤 사람은 젊음과 활기에 차서 새 신발과 장비를 갖추고 통통 튀는 발걸음으로 걷는다. 어디로 어떻게 가야 하는지 잘 아는 것처럼 보이지만, 실은 여러모로 어수룩하고 경험이 없다. 어떤 사람은 여러 번 같은 길을 다녔는지 착실하고 확신 있게 걷는다. 그런가 하면 어떤 사람은 솔직히 말해 길을 완전히 잃고 헤맨다. 어느 쪽에서 왔는지, 어디로 가야 하는지 통 알지 못한다.

    이것이 인생이다. 존 버니언은 《천로역정》에서 인생을 긴 여행에 비유한다. 책에 나오는 순례자는 최종 목적지가 어디에 있는지 알지만, 끊임없이 주의를 빼앗기고 고투를 벌인다. 유혹에 빠지고 사나운 짐승을 만나고 늪에 빠져 허우적거린다. 길은 점점 좁아지고 길 한쪽에는 가파른 벼랑이 다른 한쪽에는 심연이 놓여 있다. 목적지에 가까워질수록 순례자는 전에 없던 사나운 공격에 시달린다. 인생도 똑같다. 나이가 들면 젊었을 때는 생각지도 못했던 식으로 능력을 잃는다. 병과 외로움, 죽음이 슬그머니 코앞에 다가와 선다.

순례자는 끝내 최종 목적지에 닿을 수 있을지 의심하고 걱정한다. 종종 길에서 상처를 받기도 한다. 깨지고 길을 잃으면서도 꿋꿋이 계속 걷는다. 하지만 그런 길은 혼자 걸으면 힘만 들 뿐이다. 길을 안전하게 가려면 서로 도와야 한다. 산전수전 다 겪은 여행자와 신출내기가 나란히 걷는 것이다. 거친 비바람을 겪어본 여행자에게 한 번 물어보라. 열이면 열 무턱대고 홀로 떠나는 건 방향을 잃는 지름길이라고 말할 것이다.

길을 잃은 경험이 있으면 그 길을 알게 되고, 그러면 그 지혜를 다시 다른 이와 나눌 수 있다. 실패로 얻은 지혜를 나누는 건 어쩌면 의무와도 같다. 어디에 가면 눈부시게 아름다운 풍경이 있는지를 아는 사람은 잠시 멈춰서 감상하는 일이 중요하다는 것도 안다. 그런 사람은 절대 마르지 않는 비밀의 샘물이 어디에 있고, 어디에 가면 안전하게 편히 쉴 수 있는지도 안다. 마찬가지로 노년에 이른 사람은 뭇사람에게 지혜와 희망의 원천이 되고 영감도 준다. 바로 이런 생각과 바람으로 이 책을 썼다. 나 역시 인생의 순례길에서 번번이 비틀거렸고 인정하고 싶지 않지만 숱하게 길을 잃었다. 하지만 무엇이 여행의 두려움을 덜어주고 성취감을 주는지 안다. 이 책에 담긴 사람들의 실제 이야기가 여러분이 가는 길에 힘을 주기를 바란다. 이 책을 노년을 맞은 세상의 모든 벗에게 바친다. 길 위의 다른 순례자를 계속 도울 힘을 얻길 바란다.

노련한 여행자는 늘 나침반을 지니고 다닌다. 자주 사용하지는 않더라도 일단 꺼내놓으면 금방 길을 찾을 수 있기 때문이다. 내가 길을 잃지 않도록 도운 가장 중요한 안내자는 기도였다. 앞에 놓인 길을 가기가 두려울 때 하나님께로 향하면 주님은 두려움을 사라지게 하고 내 마음의 나침반을 도로 최종 목적지에 맞추신다. 그리고 매일 남을 용서하고 섬기는 일에 마음을 쏟으면 평화가 찾아온다. 길을 떠날 때 꼭 챙겨야 할 준비물은 바로 이런 것들이다.

　우리가 이 길에 머물 시간이 얼마나 남았는지를 결정하는 분은 우리가 아니라 하나님이다. 이 여행은 출생에서 시작해 죽음으로 끝난다. 몇 년을 계속 걷다가 어느 순간 길을 잃고 간신히 제자리로 돌아오는 사람도 있다. 때로는 소중한 시간을 낭비하는 건 아닌지 걱정하면서도 뒤처진 사람을 도우려고 왔던 길을 되돌아가기도 한다. 그런가 하면 아주 짧은 시간만 걷는 사람도 있다. 그렇다고 그 사람이 하나님이 정해놓으신 목적지에 닿지 못했다고 말할 수는 없다.

　우리 모두 결국 목적지에 이르게 될 것은 분명하다. 지금껏 우리가 걸어온 길을 바라보시며 우리를 기다리시는 예수님이 계신 바로 그곳. 예수님은 첫걸음을 뗄 때부터 지금 이 순간까지 당신을 지켜보고 계신다. 만약 지치고 길을 잃은 순례자에게 손을 내밀지 않고 무심히 지나친다면, 그분은 우리를 심판하실 것이다. 하지만 다른 이에게 보여준 사랑은 어김없이 갚아주신다. 그리고 두 팔을 활짝 벌려 맞아주실 것이다. "수고하고 무거운 짐 진 자들아 다 내게로 오라. 내가 너희를 쉬게 하리라"(마 11:28).

노련한 여행자는 늘 나침반을 지니고 다닌다.
자주 사용하지는 않더라도 일단 꺼내놓으면
금방 길을 찾을 수 있기 때문이다.

나이 드는 것이
두려울 때

|

하나님의 섭리를 헤아리는 사람은 나이 드는 일을
서서히 쇠약해지는 과정으로만 여기고 화려한 날은 다 갔다고
아쉬워하지 않을 것이다.

나와 같이 늙어가세

가장 좋은 날은 이제부터네

인생의 끝을 위해 처음이 지어졌으니

우리의 일생은 하나님의 손 안에 있네

그분은 말씀하셨네

"모든 것은 내가 계획하였노라

젊은 시절은 겨우 반절만 보여줄 뿐이다

나를 믿어라, 전체를 보아라

두려워하지 마라"

_로버트 브라우닝, 〈랍비 벤 메즈라〉

여러 해 동안 나의 집필 작업을 도운 엘렌 카이덜링이 좋아하는 시다. 지금은 일선에서 물러났지만 엘렌은 여전히 활기 넘치는 교회의 일원으로 함께 토론할 거리가 있으면 절대 뒤로 빠지지 않고 적극 참여한다. 내가 이런 책을 쓰고 싶다는 뜻을 전하자 엘렌이 자기 생각을 적어 보내왔다.

여든 살의 나이라 몸은 좀 힘들지만 그렇다고 다시 스물두 살로 돌아가고 싶지는 않다. 지금이 내 인생에서 최고의 시간이기 때문이다.

나이가 들면 누군가의 도움을 받아야 한다는 걸 나도 안다. 예수님도 베드로에게 이렇게 말씀하셨으니까. "네가 젊어서는 스스로 띠 띠고 원하는 곳으로 다녔거니와 늙어서는 네 팔을 벌리리니 남이 네게 띠 띠우고 원하지 아니하는 곳으로 데려가리라"(요 21:18). 맞는 말이긴 하지만, 그래도 내가 원치 않는 곳으로 남이 나를 데리고 가는 걸 받아들이기란 여전히 쉽지 않다.

사람들이 나더러 이래라저래라 간섭하거나 주위를 맴돌 때 마냥 기분이 좋은 건 아니다. 하지만 옷 입을 때 꼭 도움이 필요하지 않더라도 누군가 돕는다고 하면 고맙다. 내가 어디라도 갈라치면 누군가 꼭 따라붙는 게 달갑지는 않지만, 그래도 고맙다. 나이가 들었기 때문이다. 그리고 이 평안이 참 기쁘다. 브라우닝의 시가 맞다. 두려워할 이유가 없다.

물론 모두가 엘렌 같지는 않다. 나이가 든다는 두려움이 마음을 덮치면 죽음에 대한 공포는 갑절이 된다. 하지만 그런 걸 얘기하고 싶은 사람은 아무도 없다. 그런데 우리가 정말 피하고 싶은 것은 과연 뭘까? 고등학교 때부터 암송해온 셰익스피어의 대사가 이 단순한 진실을 말해주는 것 같다.

세상은 온통 하나의 무대니
세상의 모든 사람들 배우로
인생의 무대에 입장하고 퇴장한다.
_《좋을대로 하시든지》

꺼져라, 꺼져, 덧없는 촛불아!
인생은 한낱 걸어 다니는 그림자에 불과한 것.
제 시간이 되면 무대 위에서 뽐내며 시끄럽게 떠들지만
어느덧 사라져 더는 들리지 않는구나.
그것은 바보가 지껄이는 이야기
소음과 광기로 가득 차 있으니
아무런 의미도 없구나.
_《맥베스》

노년이 되면 성공이라 할 만한 인생을 살아온 사람도 자신이 망각 속에 묻혀 이내 사람들의 뇌리에서 잊힐까 봐 걱정한다. 치매에 걸려 혼자 사는 자유를 빼앗길까 봐 불안해하는 이도 있다. 외로움이나 아픔, 고통을 겪게 될까 봐 미리 겁을 내기도 한다. 인생을 잘못 살았다고 후회하는 사람도 수두룩하다. 그러나 이 모든 것을 이기는 길이 있다. 나이 드는 일이 절망과 비관의 감옥이 될 필요는 없다. 오히려 노년은 인생의 의미와 목적이 채워지고, 표현하고 싶었지만 예전에는 미처 하지 못했던 사랑을 표현할 색다른 기회를 준다.

우리 사회는 나이 듦을 바라보는 균형감각을 잃었다. 진보한 의학은 '불멸'이라는 그릇된 생각을 인류에게 심어주었다. 우리는 마치 영원히 살 수 있을 것처럼 생각하고 인간의 수명이 이렇게나 늘었다고 자랑하지만, 실상은 우리 인생에서 하나님을 밀어내는 꼴이다. 지금 우리는 젊음과 정력, 건강을 우상화하면서 수명을 연장하는 데에만 집착하고 있다. 그러나 하나님의 관심은 인간의 수명을 늘리는 것이 아니라 인생에 깊이를 더하는 데 있다.

세상에는 자연스러운 노화현상을 거스르라고 부추기는 상술이 판을 친다. 종류를 셀 수 없는 화장품과 약, 노인을 위한 맞춤 운동법을 앞세워 다시 젊어지는 것 말고는 다른 길이 없는 것처럼 선동한다. 하지만 현실은 다르다. 나이 일흔에 몸에서 차츰 힘이 빠지는 걸 막을 수 있는 사람은 없다. 머리가 희

끗해지고 피부에는 주름이 늘고 걸음걸이도 느려진다. 그런데 이런 것들을 받아들이면 큰일이라도 나는 걸까?

하나님은 우리가 나이 들어 늙어도 어김없이 반겨주신다. 성경을 보면 하나님이 나이 든 사람을 사랑하고 소중히 여기신다는 걸 분명히 알 수 있다. 그런데 우리라고 똑같이 못 할 이유가 있을까? 장수는 하나님의 축복이다. 그리고 그 축복 뒤에는 다음 세대를 생각하는 책임이 따른다.

성경에는 하나님이 당신의 뜻을 이루기 위해 나이 든 사람을 쓰시는 이야기가 자주 등장한다. 아들 이삭이 태어났을 때 아브라함은 백 살이었고, 사라는 아흔 살이었다. 하나님의 백성을 출애굽시켰을 때 모세는 여든 살이었다. 스가랴와 엘리사벳이 세례 요한을 낳았을 때 두 사람의 '나이가 많았다'고 적혀 있다. 하나님의 섭리를 티끌만큼이라도 헤아릴 수 있다면, 나이 드는 일을 서서히 쇠약해지는 과정으로만 여기지는 않을 것이다. 화려한 날은 다 갔다고 아쉬워하지도 않을 것이다.

건강이 나빠지는 와중에도 모험심을 시험할 줄 아는 사람은 노년에 겪는 어려움을 오히려 고상하게 웃으며 마주할 수 있다. 유명한 런던 로이즈 사의 좋은 일자리를 팽개치고 시골에서 농장을 운영하는 공동체에서 살기로 한 존 하인드는 어린 시절 내게 좋은 본을 보여준 분이다. 많은 세월이 흐른 뒤 존은 내게 이렇게 말했다.

내가 스물한 살 때 삶은 모험으로 가득했지. 그런데 지금은 모든 게 차분하기만 해. 여든세 살의 나이에 스무 살 때와 같은 모험을 하고 싶은 충동이 없는 건 당연하지만, 가만히 생각해 보면 늙어가는 것도 하나의 모험이야! 과감하게 모험해야 해. 하나둘 잃어버리고, 남에게 의존하게 되고, 차츰 잊어버리는 게 많아지고, 별별 일이 다 생기지만, 그러니 모험이지.

존과 엘렌은 노년기를 '제2의 어린 시절'이라 말한다. 이 말이 부정적으로 들릴 수도 있지만, 두 사람에게는 반대다. 그들은 차츰차츰 빠져나가는 능력을 움켜잡지 않고 어린아이처럼 새로운 영을 무조건 받아들였다. 예수님께 이 영은 옛날이나 지금이나 아주 중요하다. 예수님은 천국에 들어가고 싶다면 어린아이처럼 되어야 한다고 말씀하셨다(마 18:3).

물론 나이 들어 늙어가는 것에 대해 모두가 이렇게 긍정적인 반응을 보일 수는 없다. 늙어가는 자신의 모습이나 삶의 마지막을 향해 가는 현실을 받아들이는 일은 결코 쉽지 않다.

어렸을 때 나와 단짝이었던 루디 힐델은 팔십 대에 아내를 먼저 떠나보냈다. 나이 때문에라도 뭔가를 할 때마다 누군가의 도움을 받아야 했는데, 독립심이 워낙 강한 탓에 도움을 한사코 거부했다. 혼자 있고 싶은데 가만히 내버려두지 않는다며 오히려 언짢아했다. 그 탓에 우리 둘은 치열하게 말다툼을 하기도 했다. 한번은 루디가 이렇게 말했다.

그래, 내가 늙어가는 건 사실이야. 사람들이 애정으로 내 건강을 걱정한다는 것도 알아. 하지만 니무할 때도 있어. 이 '지나친 걱정'이 난 못마땅해. 정말 쉬지 않고 물어들 본다니까. "정말 혼자 가셔도 돼요?" "제 팔을 잡고 가실래요?" "조심하세요, 감기 걸릴지 모르니까요." "조심하세요, 그러다가 엉치뼈가 부러질 수도 있으니까요!"

이런 고집 때문에 큰일을 겪을 뻔하기도 했다. 루디는 전동 스쿠터를 타고 다녔는데, 나이 때문에 계속 운전하면 위험하다는 판단이 서자 사위가 열쇠를 치워버렸다. 그러나 루디는 얼마 안 있어 다시 스쿠터를 타고 나타났다. 손자 하나를 꼬드겨서 열쇠를 찾아낸 것이다. 그러자 이번에는 가족들이 전기 기사를 불러 스쿠터가 굴러가지 않도록 단단히 망가뜨려 놓았다. 그러나 루디는 또 손자를 설득해 몰래 스쿠터를 고쳐 타고 다시 길을 나섰다. 그러다 며칠 뒤 가파른 자갈길을 내려가다가 그만 스쿠터 운전대를 놓치는 바람에 도랑을 따라 아래로 곤두박질치기 시작했다. 지나가던 사람이 스쿠터 좌석 끝을 붙잡지 않았다면, 큰 사고가 날 뻔했다.

그제야 루디는 혼자서 다 하려는 고집이 위험할 수도 있다

가만히 생각해보면 늙어가는 것도 하나의 모험이야!

남에게 의존하게 되고, 잊어버리는 게 많아지고, 별 일이 다 생기지.

는 걸 인정했다. 그리고 처음에는 주저했지만, 결국 스쿠터를 창고에 넣어두고 다른 사람이 미는 휠체어를 타기로 했다.

런던 출신에 활력이 넘치던 아일린 로버트쇼는 나이 들어서도 아주 건강했다. 팔십 대에도 꾸준히 수영을 즐길 정도였다. 그러나 결국에는 아일린 역시 다른 사람을 의지하는 것도 나쁘지 않다는 걸 알게 되었다.

나이가 들면 두 가지 유혹에 빠지는 것 같다. 하나는 도와주는 손길에 의존하면서 게을러지고 내적으로 둔해지는 것이다. 또 하나는 독불장군처럼 혼자 할 수 있다고 고집을 부리는 것이다. 첫 번째 유혹에 빠지면 줏대 없이 굴고 이기적으로 변하기 마련이다. 두 번째 유혹에 빠지면 고집 부리느라 괜히 신경을 곤두세우고 힘을 빼서 사람들과의 관계를 그르치고 만다.

내가 봤을 때 두 번째 유혹에 빠지는 이유는 자만심 때문이다. 사실 난 내 나이 또래의 다른 사람들이나 나보다 젊은 사람도 쉽게 못 하는 일을 거뜬히 해낼 수 있다는 교만에 빠져 있었다. 그러나 사실 자만심이란 것은 우스꽝스럽기 그지없다. 내가 나이 들어서도 이런저런 능력을 유지하고 있다 한들 그게 내가 잘나서이겠는가? 그러니 그런 이유로 다른 사람을 깔보고 뽐내는 건 못난 짓이다.

마침내 다른 사람의 손길을 받아들이고 나니 생각지도 못하게 삶이 풍요로워졌다. 다른 이에게 의지할수록 그 사람과 대화하고 서로 알아갈 기회가 늘어났다. 비록 누가 내미는 손이 필요 없을 때라도 "혼자라도 괜찮지만 함께 걸으면 더 좋겠네요"라고 말하는 법을 배웠다. 내 철학은 이렇다. 할 수 있는 일은 최대한 하되 그 때문에 고립되지는 말자.

루디와 아일린이 경험한 것처럼 나이가 드는 일은 치열한 싸움이다. 오랫동안 편하고 익숙했던 모든 것이 끝이 나버리는 탓이다. 웨일스의 시인 딜런 토머스는 이런 느낌을 잘 표현했다. 그가 쓴 〈순순히 죽음의 밤에 당신을 맡기지 마세요〉라는 시에는 이런 구절이 나온다.

노년에는 날이 저물 때 열 내고 몸부림쳐야 한다
빛이 사그라지는 것에 맞서 분노하고 또 분노하라

노년에 얻고 싶은 건 분노가 아니라 평화라고 항변하는 이도 있을 것이다. 그리고 내 생각에 빛은 결코 사그라지지 않는다. 숨을 거두는 순간에 우리는 모든 것을 내려놓아야 하지만, 그 순간에 열망해야 할 것도 분명 있다. 죽음은 최후의 적이고 우리는 온 힘을 다해 끝까지 죽음에 맞서 싸워야 한다. 하지만 또한 우리는 그리스도가 사망을 이기셨고, 그러므로 죽음을 두려워할 필요가 없다는 것을 안다. 역설이 아닐 수 없다.

나이는 선물인지도 모른다. 하지만 나이가 선물이 되려면 하나님께 순순히 복종해야 한다. 그러면 이런저런 일을 못 한다고 불평하지 않고 하나님이 새롭게 우리를 쓰신다는 사실을 깨닫는다. 그리고 하나님이 주시는 이 선물을 사용해서 다른 사람을 격려할 수 있다. 예수님 안에서 발견한 평화는 자기만의 만족을 채우던 낡은 것을 밀쳐내고 새로운 길을 열어젖힌다. 몸과 정신의 능력은 쇠약해질지 몰라도 인류를 위해, 그리고 이 땅에 이뤄질 하나님나라를 위해 일할 기회가 숱하게 열린다. 결국 예수님이 주신 중요한 두 계명을 실천하며 살게 된다. "마음을 다하고 목숨을 다하고 뜻을 다하여 주 너의 하나님을 사랑하라. … 네 이웃을 네 자신 같이 사랑하라"(마 22:37-39).

2

귀는 서랍장에 벗어놓고,
이는 물 잔에 빼놓고

|

Rich in Years

자신에게 남은 날들을 값지게 사용하는 비결은 따로 있다.
지난날을 계속 후회하는 대신
지금까지 살아온 날들에 대해 하나님께 감사하는 것이다.

　노년은 누구에게나 살금살금 다가온다. 나도 전에는 웬만하면 이런 생각은 안 하려고 했지만, 장애물이 하나둘 나타나 걸음을 더디게 만드니 도리가 없다. 처음에는 목소리를 잃어서 몇 달간 아무 말도 못 했고, 그다음에는 심장에 문제가 생겼다. 그것도 모자라 두 눈을 모두 수술 받아야 했고, 이제 한쪽 눈은 완전히 멀었다. 이어 청력도 나빠졌다. 몸이 하나하나 차례로 고장 나는 것만 같았다.

　하지만 감사하게도 아직 아내와 나는 매일 몇 킬로미터를 걸을 힘이 있다. 여전히 읽을 수 있고 자판을 두드리며 일도 할 수 있다. 친구가 한번은 이렇게 소리쳤다. "몸은 늙어가지만 나는 절대 늙지 않았어!" 여러분은 어떤가? 모르긴 해도 많은 사람이 내 친구처럼 자기 부정 속에 살고 있을 것이다. 늘 하던 일이나 활동을 죄다 포기하는 게 쉬울 리 있겠는가. 가정이나 직장에서 맡은 역할이 바뀌고, 젊은 사람에게 책임을 넘긴다는 게 말처럼 쉬운 일은 아니다. 왠지 아무짝에도 쓸모없는 존재가 된 것 같아 우울해지기 십상이다.

그러나 노년기의 이런 시련을 오히려 재치 있게 웃어넘기면 생각보다 큰 도움이 된다. 중요한 일에 파묻혀 농담할 시간도 없이 바쁘게 사는 사람들의 하루가 웃음 하나로 밝아질 수 있다. 아는 사람 이름이 생각 안 나거나 열쇠를 어디에 뒀는지 기억이 나지 않을 때 웃지 않으면 어찌하겠는가? 나보다 몇 살 많은 주치의가 한번은 이런 농담을 했다. "이제 친구란 친구는 옛날보다 휙휙 하고 너무 빨리 걸어. 오토바이 엔진처럼 따따따 말을 빨리 하는데 속삭이는 것처럼 잘 들리지도 않고. 어떤 친구는 흐릿하게 보이기까지 한다니까. 모든 게 변했어! 아니면 내가 변한 건가?" 내 친구인 포크송 가수 피트 시거는 이렇게 노래한다.

노년이 황금기라고 누가 한 말을
잠자리에 누워 곰곰이 따져보네
귀는 서랍장에 벗어놓고, 이는 물 잔에 빼놓고
눈은 탁자에 올려놓고
잠을 청하며 곰곰이 생각하네

귀는 서랍장에 벗어놓고, 이는 물 잔에 빼놓고

제대로 걷지 못해서 지팡이에 의지하다가 나중에는 보조기나 휠체어 신세를 지고, 그다음에는 침대 신세를 져야 할 때는 웃음조차 나오지 않는다. 자립을 침해받고 전에는 손쉽게 하던 일도 이제는 안간힘을 써야 겨우 할 수 있다. 그래서 그런지 자동차 범퍼에 이런 문구를 붙이는 것이 유행이다. "노인은 유약하지 않다!"

나이 들며 겪는 일들 중에 가장 견디기 힘든 건 배우자가 죽거나 치매에 걸리는 것이다. 갑자기 병으로 쓰러지기도 하고 죽음이라는 운명과 맞닥뜨리기도 한다. 나 역시 이런 일을 직접 겪었기에 이에 대한 두려움을 잘 안다.

우리는 또한 자주 과거를 되돌아보며 후회한다. 일로 성공하지 못했다고 실망하고, 돈을 많이 벌지 못했다고 아쉬워하고, 당연히 올라야 할 자리에 오르지 못했다고 불만스러워한다. 자식을 다르게 키웠다면, 하고 후회하기도 한다. 나는 다른 이에게 사랑을 표현할 기회를 숱하게 놓친 것 같아 아쉽다.

하지만 이런 생각에 빠지면 마음에 쓴 뿌리만 생기고 다른 사람들, 심지어는 사랑하는 가족과 거리를 두고 고립된 채 살게 된다. 과거에 저지른 실수나 앞으로 지고 가야 할 곤란한 짐을 어찌 해야 할지 몰라 난감할 때 가장 좋은 방법은 미래를 바라보며 하나님의 은혜를 받아들이는 것이다.

자신에게 남은 마지막 날들을 값지게 사용하는 비결은 따로 있다. 지난날을 계속 후회하는 대신 지금까지 살아온 날들에 대해 하나님께 감사하는 것이다. 독일의 마이스터 에크하르트는 노년의 사전에 끝까지 남아야 할 말은 "고맙습니다"라고 했다. 물론 감사하는 마음은 쉽게 생기지 않는다. 그래도 그런 마음가짐을 가지면, 인생에서 가장 신나는 순간이 시작되고 인류의 유익을 위해 우리가 할 수 있는 일이 아직 남아 있다는 사실을 깨닫게 된다.

우리 교회에 다니는 예순다섯 살의 독신녀 레슬리 언더우드는 젊었을 때부터 앞을 보지 못했다. 그 탓에 나이가 들수록 불편한 점은 늘어갔지만, 그녀는 저항하는 대신 더 나은 길을 택했다.

노년은 내게 축복이다. 하나님의 은혜와 지혜가 나를 더 평화로운 삶으로 이끌었기 때문이다. 노년은 어린 사람들에게는 선물이 아닌가 싶다. 아주 어린 아이들이 노인들에게 쉽게 호감을 보이는 것을 아는가? 이것이 하나님의 계획이 아닐까?

죽음에 대한 두려움 때문에 안절부절못하는 사람에게 나의 죽음이 선물이 되었으면 좋겠다. 나는 한때 죽음을 어둡고 비밀스러운 이행移行의 계곡 정도로 여기고 피하려고 했다. 하지만 15년 전쯤 신앙을 갖게 된 뒤로 영원이라는 걸 믿게 되었고 그 후 죽음의 공포는 사라졌다. 이제는 주님의 약속을 믿고 기

다린다. 그리고 진심으로 묻는다. "사망아 네가 쏘는 것이 어디 있느냐?"(고전 15:55)

물론 과거를 후회할 때도 있다. 그리 쉬운 삶을 산 게 아니니까. 알코올 중독, 폭력, 부모님의 부재와 방치로 점철된, 그야말로 엉망인 환경에서 자랐다.

그래도 사회복지사로 일한 덕분에 버려진 사람들을 돌보며 나를 극복할 수 있었다. 내가 돌본 사람이 겪던 죽음의 공포는 내 것보다 더 진짜 같았고, 죽음이 아주 가까이에 있다는 것을 실감할 수 있었다. 지금은 다른 그리스도인들과 더불어 공동체 생활을 하는데, 내 안에 있던 두려움과 불신이 점점 녹아 없어지고 그 자리를 포용과 사랑이 채우고 있다. 그리하여 지금 나는 영혼의 평화를 누리고 있다.

나는 어떻게 하면 나이 든 사람이 하나님의 뜻을 기꺼이 받아들이게 도울 수 있을까 종종 생각한다. 자신만 생각하지 않고 다른 이들을 돕는 것이 정말 중요하다. 그런 기회를 놓치고 자기 자신만 들여다보면 도와야 할 사람을 못 보고, 쉽사리 균형을 잃어 결국 쓴 마음이나 증오를 품게 된다. 무엇보다도 내게 상처 준 사람을 용서해야 한다. 용서하면 곧바로 마음이 홀가분해지고 남을 도울 기회가 봇물 터지듯 열린다.

직장에서 은퇴하고 나면 다른 이에게 봉사할 시간이 더 생기기 마련이다. 그런데 딱하게도 많은 사람이 은퇴 이후를 자기만의 꿈이나 즐거움을 채우는 시간으로 쓰거나, 괜한 걱정과 허전함으로 길고 무료한 시간을 채운다. 물론 은퇴는 아주 커다란 변화다. 예를 들어 오랫동안 밖에 나가 일하던 사람이 집안에서 배우자와 긴 시간을 함께 보내는 것이 어디 말처럼 쉽겠는가. 직장에서 누렸던 책임과 권위를 그리워하는 사람도 있고, 바쁘게 지내던 시절을 그리워하는 사람도 있다. 하지만 뭔가 다른 것을 위해 살 동기가 생기고 나 자신을 바쳐 일할 큰 뜻이나 목적이 생기면 그것만으로 매일 아침 일어날 이유가 된다. 나는 지난 몇 년 동안 고등학교와 대학교를 찾아가 용서와 화해를 주제로 학생들과 대화하는 '폭력의 고리 끊기'라는 프로그램에 참여하며 큰 기쁨을 누렸다.

몸이 건강한 사람만 섬길 수 있는 것은 아니다. 나이 팔십을 넘긴 피터 카바나는 일주일에 한 번씩 자기 지역에 있는 교도소를 방문해 수감자들을 만났다. 외국어에 능통한 피터는 재소자가 다른 교도소로 옮겨도 편지로 계속 소식을 주고받았다. 그러다 보니 사십여 명과 영어나 스페인어로 편지를 주고받게 되었다. 피터의 편지를 받은 재소자들은 큰 용기를 얻었다. 피터 역시 큰 힘을 얻은 건 말할 것도 없고 남은 인생을 보람을 느끼며 살았다. 피터는 종종 펜팔 친구가 어떻게 지내는지 주변 사람들에게 들려주곤 했다.

하나님과의 관계에서 내 존재에 대해 감사하고
하나님이 나를 사랑하시고 나의 구원자 되심에 감사하는 순간
다른 사람과도 아름다운 관계를
맺을 수 있다.

모두가 각자 나름대로 삶의 목적을 이룰 수 있다. 그러려면 해가 뜨고, 새가 노래하고, 아이가 웃는 것과 같이 일상에서 주어지는 작고 아름다운 것들에 감사하는 게 아주 중요하다. 창가에 놓인 화분을 돌보거나 툇마루에 있는 새 모이통에 좁쌀을 넣어줄 수도 있다. 만나는 사람에게, 그게 친구이든 낯선 사람이든 아니면 배우자이든 상관없이 미소 지으며 따뜻한 말 한마디를 하는 것도 잊지 마라. 아직 책을 읽을 수 있는 사람은 모처럼 얻은 시간에 그동안 못 읽었던 고전을 읽어보면 어떨까? 아니면 좋은 클래식 음악을 듣는 것도 좋다. 나는 바흐나 헨델의 음악을 즐겨 듣는다.

나도 보통 사람들처럼 가족이나 친구들과 맛깔스러운 음식에 시원한 음료를 곁들이며 오붓한 시간 갖는 걸 좋아한다. 친구와 더불어 한 상에 둘러앉아 떡을 떼는 일만큼 멋진 일이 어디에 있을까? 예수님도 이렇게 말씀하셨다. "두세 사람이 내 이름으로 모인 곳에는 나도 그들 중에 있느니라"(마 18:20). 우리를 공동체로 이끌고 모으는 모든 일은 우리의 인생을 풍요롭게 한다.

물론 공동체를 이루는 데는 시간이 필요하다. 내가 나이 들며 배운 게 하나 있다면, 다음 스케줄로 바쁘게 건너뛰는 대신에 아내와 아이들, 손주나 이웃들과 더 많은 시간을 보내는 일도 소중하다는 것이다. 물론 홀로 보내는 시간도 아주 값지다.

귀는 서랍장에 벗어놓고, 이는 물 잔에 빼놓고

자연 속에서 조용히 묵상하며 하나님이 창조하신 세계를 감상하노라면 영혼과 몸이 건강해진다. 때로는 그저 '존재하는 것'이 뭔가를 '하는 것'보다 더 소중할 때가 많다.

내 아내의 사촌 요수와 드레허는 거친 시련을 겪으면서도 남은 생애를 그저 '존재하면서' 삶의 목적을 이루며 살았다. 어렸을 적에 우리는 파라과이에서 함께 자랐다. 정글 생활은 흥미진진했지만 거칠고 힘들었다. 요수와가 십 대 때 그의 어머니는 자녀 아홉만 세상에 남겨 두고 갑자기 돌아가셨는데, 그일은 요수와에게 큰 충격을 안겨주었다.

몇 년 뒤 요수와는 미국으로 건너가 그곳에서 한 여자를 만나서 약혼까지 했다. 하지만 결혼식을 앞두고 돌연 약혼을 깨고 파라과이로 돌아가 버렸다. 약혼자와 친구들에게 변변한 작별 인사도 없이 말이다.

나중에 알게 된 사실이지만, 그 후 요수와는 파라과이 오지에서 카우보이로 살면서 그곳에서 터를 잡고 파라과이 여성과 결혼해 가정을 꾸렸다. 하지만 다른 비극이 연이어 들이닥쳤다. 아직 어린 나이에 큰 아들이 그만 죽고 말았다. 그래도 요수와는 꿋꿋이 살았는데, 둘째 아들마저 스물두 살에 암으로 세상을 떠났다. 그리고 일 년 만에 슬픔에 젖어 있던 아내마저 세상을 등졌다.

그는 자신의 삶이 자기 뜻과는 달리 뒤틀어졌다는 걸 알고 있었다. 그래서 엉킨 실타래를 풀고 조금이라도 평화를 얻을 방법을 궁리했다. 그리하여 사십 년 만에 미국에 돌아와 수십 년 전 예고도 없이 떠나면서 마음에 상처를 주었던 이들과 화해했다.

놀랍게도 요수와는 과거의 실패나 자신을 지독하게 괴롭혔던 불행을 되새기며 살지 않았다. 오히려 인생이 자신에게 준 모든 것에 감사하다고 쉬지 않고 말했다. 그는 방과 후 특별활동 프로그램으로 공예 수업을 맡아서 아이들에게 목공과 가죽 세공 기술을 가르쳤다. 아이들을 사랑하고 아꼈던 요수와는 아이들이 자연의 경이로움과 아름다움을 소중히 여기고 하나님의 창조를 존중하도록 가르쳤다.

그런데 얼마 안 있어 요수와 역시 덜컥 암에 걸리고 말았다. 하지만 요수아는 이미 거친 세파에 단단히 단련되어 있었다. 그는 불평하지 않고 고통을 받아들였다. 과거를 후회하지도 미래를 두려워하지도 않고 온전히 현재의 삶을 살았다. 아이들이 요수와 곁을 지켰다. 크레용으로 그린 그림과 들쭉날쭉한 꽃다발을 요수와에게 가져왔다. 인생의 끝자락에 다가설수록 요수아의 얼굴은 원망이 아닌 감사로 빛났다. 창조주와 화평을 이루었던 것이다.

우리는 인생이란 녀석이 우리 각자에게 건넨 패를 가지고 게임을 할 방법을 찾아야 한다. 육체의 고통이나 단절된 인간

관계는 다른 사람에게 관심과 사랑을 쏟을 때 치유될 수 있다. 올해 아흔이 넘은 앨리스 폰 힐데브란트는 예전에 뉴욕에 있는 대학에서 철학을 가르치는 교수였다. 삶의 의미를 발견한 앨리스는 노년을 더 쉽게 받아들였다.

뉴욕에서 가르칠 적에 지하철에 탄 사람들을 무심코 바라보곤 했는데, 사람들의 얼굴에 지루함, 절망, 슬픔 같은 게 묻어 있더군요. 세상에서 제일 부유한 나라에 사는 사람들 얼굴에요!

하지만 하나님과의 관계에서 내 존재에 대해 감사하고, 하나님이 나를 사랑하시고 나의 구원자 되심에 감사하는 순간 다른 사람과도 아름다운 관계를 맺을 수 있습니다. 서로 사랑하고 돕게 되니까요. 그리고 의미 있는 삶이라는 건 화려하고 재미있는 일을 좇는 게 아니라 남을 돕는 길을 찾는 것임을 깨닫게 됩니다. 얼굴에 기쁨이 가득하면 사람들은 바로 이렇게 물어볼 겁니다. "비결이 뭔가요?" 그때는 부드럽게, 설교하지도 말고 '내가 너보다 잘났다'라고 생각하지도 말고, 있는 그대로 나누면 됩니다. 따지고 보면 '복음'이라는 말도 '기쁜 소식'이라는 뜻이잖아요.

우리가 할 수 있는 일은 그게 답니다. 어둡고 침울한 순간은 물론 오지요. 잔뜩 낀 구름이 아름다운 하늘을 가릴 때도 있어요. 하지만 아주 맑은 날에는 언제 그랬냐는 듯 단번에 침울함이 걷히잖아요. 우리는 기쁨을 위해 창조되었습니다. 지금 당장 낙원을 기대하지는 마세요. 그래도 삶은 의미가 있습니다. 하나님은 사랑이시기 때문입니다.

우리 모두 이렇게 삶의 의미를 찾을 수 있다. 삶의 의미를 찾으면 나이가 들면서 겪는 변화를 받아들일 수 있는 힘과 은혜를 얻게 된다.

귀는 서랍장에 벗어놓고, 이는 물 잔에 **빼놓고**

3

다른 사람을 의지하는
것도 괜찮다

|

Rich in Years

우리는 저마다 마음속 깊이
공동체를 향한 열망을 지니고 산다.
가진 모든 걸 다른 이와 나누고 싶어 하는 마음이다.
하나님은 우리 모두를 은둔자가 아닌
공동체적 존재로 지으셨다.

나중에 나이 들었을 때를 꿈꾼다는 사람도 인간이라면 누구나 공허함과 외로움을 느낀다는 사실을 인정할 것이다. 매일 홀로 저녁을 먹거나, 멀리 떨어져 사는 자녀가 보내주는 돈으로 실버타운에서 생활하는 노인이 얼마나 많은가? 지금 이 책을 읽고 있는 이들 중에도 양로원이나 아파트에서 혼자 사는 사람이 있을 것이다.

우리는 저마다 마음속 깊이 공동체를 향한 열망을 지니고 산다. 가진 모든 걸 다른 이와 나누고 싶어 하는 마음이다. 하나님은 우리 모두, 즉 나이 든 사람, 어린 사람, 아픈 사람, 건강한 사람을 막론하고 우리 모두를 은둔자가 아닌 공동체적 존재로 지으셨다. 서로에게 속한다는 하나 됨의 느낌은 성취감마저 안겨준다. 이건 우리가 선천적으로 아는 것이다. 많은 퇴역

군인이 내게 하는 말이 복무 기간을 마치고도 동료들 사이에서 느끼는 공동체감과 가족애가 그리워 다시 군으로 돌아간다고 한다. 전에 갱 조직에 있다가 나온 사람들도 한결같이 '길 위의 가족'이 진짜 가족이라고 입을 모은다. 어떤 면에서는 혈육보다 더 가깝고 돈독한 관계를 맺기 때문이란다. 집에서 느끼지 못한 가족애를 학교 운동부 코치나 선생님을 통해 느끼는 학생이 적지 않은 것도 사실이다.

사회가 수많은 파편으로 조각날 때마다 가장 심한 고통을 느끼는 이는 바로 노인이다. 가족과 공동체 안에서 느끼던 유대감이 무너져 상처를 입기 때문이다. 경험에 비춰보면 노인은 공동체 안에서 사는 것이 맞다. 공동체 안에서 일방적으로 돌봄을 받는 데서 그치지 않고 계속해서 공동체에 기여하고 사랑하고 나눌 수 있기 때문이다. 바울은 갈라디아 교회에 보낸 편지에서 "여러분은 서로 남의 짐을 져 주십시오. 그렇게 하면 여러분이 그리스도의 법을 성취하실 것입니다"(갈 6:2, 새번역)라고 썼다. 이 말은 헐벗고 굶주리는 사람에게 옷과 음식을 대접하고 아픈 이를 돌보라는 뜻이다.

은퇴한 의사 켄 존슨은 수년간 여러 나라에서 일하다가 미국에 돌아와 노인을 돌보는 몇몇 단체를 세웠다.

나이가 들었다고 해서 사회 일선에서 물러나야 하는 건 아니다. 사실 나이 든 사람들이 '노인은 쓸모없다'는 통념에 빌미를 제공한 면도 없지 않다. 유쾌하면서도 뜻깊은 삶을 살거나 다른 사람의 삶을 변화시키기 위해 돕고 섬기는 대신 아는 노인들끼리만 어울리고, 간식이나 먹으며 텔레비전 앞에 앉아 시간을 축내고, 선정성 짙은 신문 헤드라인을 훑어 내려가고, 병원을 전전하며 처방받은 온갖 약을 복용하면서 늙어가는 사람이 수두룩하다. 그러다 우울증에 걸리거나 알코올 중독에 빠지기 십상이다.

심한 장애가 있는데도 가족과 사회로부터 꼭 받아야 할 도움과 재정 지원 없이 홀로 사는 노인이 곳곳에 넘쳐난다. 자녀나 손주가 멀리 흩어져 살거나, 가까이 살아도 나이 든 부모를 모시기에 적합하지 않은 환경에서 산다. 그러나 인간의 존엄성을 지키며 늙어가려면 반드시 자식과 손주들이 곁에서 뒷받침을 해줘야 한다. 그럴 여건이 안 되면 이웃이나 공동체가 나서서 기꺼이 확대 가족의 역할을 해야 한다.

이런 문제를 해결하기 위해 수많은 교회와 절, 사원이 지역 종교 연합을 이뤄 자원봉사자를 뽑고 교육하는 프로그램을 준비하고 운영한다. 자원봉사자 중에는 나이 든 사람도 많다. 나는 이들이 충분한 사회적 지원을 받지 못하는 중증 장애 노인들을 돌보면서 자신의 존재 이유를 찾는 모습을 많이 봤다. 이 프로그램을 통해 힘없는 이들에게 도움의 손길을 내밀라고 전

세계 훌륭한 종교 단체와 신자들에게 호소한다.

이 프로그램에 참여하는 자원봉사자들은 노인들의 우편물을 챙기고 은행 업무를 대신하고 공과금을 내고 냉장고에 먹거리를 챙겼다. 그리고 노인을 병원에 모셔다 드리고 계단이나 난간을 손보거나 전구를 가는 등 단순한 일을 하면서 삶의 생기를 되찾았다.

돌봄을 받는 노인들은 자신이 버림받고 아무 쓸모없는 존재라는 자괴감에서 마침내 벗어났고 삶의 존엄함도 되찾았다. 따뜻한 물로 목욕시키고 머리를 빗겨주고 빨래를 해주는 사람이 생겼기 때문이다. 사회의 어두운 그늘에 가려져 있던 사람들이 자신의 행복을 위해 봉사하는 다른 이들을 통해 소중한 사회의 일원으로 되돌아왔다. '정부'에서 지원하는 사회복지사를 미덥지 않아 하던 이들은 '교회 사람'을 의지하고 기다리게 되었다.

자원봉사자 중 한 분은 내게 "전에는 손주를 방문하는 일 등으로 바쁘게 지냈고 만족도 했지만, 자원봉사를 한 뒤로 왠지 자신이 '특별한' 존재가 된 느낌"이라고 편지를 보냈다. "누군가 '진짜로' 내게 기대기" 때문이라면서 말이다.

거창한 것을 이룬 건 아니지만 이 프로그램의 수확은 대단했다. 아주 작은 일이지만 다른 사람을 향한 사랑의 섬김이기에 중요했다. 다양한 직업을 가진 많은 사람들이 수년간 꿋꿋이 일하고 이름을 떨치고 중요한 사람이 되고 많은 친구를 얻었다가 나이가 들면 너무나 쉽사리 잊히고 만다. 그러나 하나님이 사람을 보는 기준은 우리와 사뭇 다르다. 우리는 나이가들 때 서로의 역할을 평가하는 잣대를 바꿔야 한다. 뭇사람더러 보라고 내가 이룬 성과를 치켜들고 자랑할 필요도 없다.

찰리 시몬스는 나이가 들자 작은 일에서 새로운 행복을 찾았다. 사회에 크게 기여하지는 않아도 여전히 중요한 작은 일을 했다. 뉴욕 토박이였던 찰리는 평생 트럭과 버스 운전하는 일을 하다 아내 마지와 함께 뉴욕 주 북부에 있는 시골로 이사했다. 사랑하는 아내가 세상을 떠난 뒤 찰리는 우리 공동체의 식사와 예배 모임에 자주 참석했다.

찰리는 곧 공동체를 자기 집처럼 편하게 여겼다. 어린아이와 같이 단순한 믿음을 지녔던 그는 사람을 만날 때마다 자기가 얻은 평화와 행복에 대해 말해주었다. 특히 힘든 하루를 보내고 있는 사람에게는 꼭 그렇게 했다. 자기는 대단한 사람이아니라고 늘 말하곤 했는데, 그럴 때마다 웃으며 "진짜야"라고덧붙였다. 키가 180센티미터가 훌쩍 넘는 찰리는 늘 경쾌하게소리치길 좋아했고 누가 속삭이기라도 하면 견디질 못했다. 큰목소리로 유쾌하게 이런 말을 즐겨 했다. "노래를 정말 잘 하시네요." "나이에 비해 정정하시네요." "살이 빠진 거 같아요!"

찰리는 우스갯소리를 좋아했다. 한번은 팬케이크 먹기 대회에서 팬케이크 서른네 장을 먹고 집에 돌아오는 길에 나무 뒤에 토를 했는데 지금도 그 나무가 아주 잘 자란다고 했다. 또 한 번은 교회 헌금 시간에 깜빡 졸고 있었는데 헌금 걷는 사람이 자기 주머니에서 수표를 걷어가 버렸단다. 이런 찰리가 자기 본연의 모습이 되는 순간은 생일이나 기념일을 맞은 사람을 축하하는 날이다. 그런 날이면 찰리는 꽃이나 아이스크림, 동네 과수원에서 얻은 사과를 가져다주며 흐뭇해했다.

찰리는 예수님을 향한 깊은 사랑을 지닌 사람이었다. 공동체에 오기 시작한 뒤로 우리 둘은 성인 세례와 죄의 용서에 대해 터놓고 대화를 자주 나눴다. 그는 예수님을 증거하는 일을 절대 두려워하지 않았다. 예배 설교 시간이면 찰리는 늘 크게 "아멘"으로 화답했다. 모임에서 찬송가를 부를 때는 마지막 절마다 어김없이 "할렐루야!" 하고 크게 외쳤다.

찰리는 외로움이나 우울증과 싸우는 길이 사실은 아주 단순할 수 있다는 걸 내게 보여주었다. 가능성은 끝이 없다. 주변에 어른과 일대일로 시간을 보내야 할 아이가 있는가? 그렇다면 집에 초대해서 게임을 함께하고 숙제를 도와주거나 이야기를 들려주라. 병원에 함께 가줄 사람이 필요한 노인이 이웃에 있을 수도 있고, 생일 때 축하 카드가 필요한 이도 있을 것이다. 과거만 되새김질하며 낡은 잣대로 자신의 가치를 재고 남과 비교하면 자기만 늙어 보일 뿐이다. 이와 반대로 나의 한계를 생각하지 않고 내가 줄 수 있는 것을 찾아보면 새로운 역할을 기꺼이 받아들일 수 있다.

다른 사람을 의지하기를 주저하는 이유 중 하나는 아마 상대에게 짐이 되는 게 부담스럽기 때문일 것이다. 하지만 붙임성 있고 명랑한 성격의 찰리에게 그런 건 문제가 아니었다. 물론 모두가 그런 확신을 가지고 사는 것은 아니다. 아마도 가족이 부담된다고 티를 내서 힘들어하는 사람도 있고, 아직 능력이 충분한데도 회사나 조직에서 밀려났다고 억울해하는 사람도 있을 것이다. 내가 아는 어떤 사람은 가족에게 남다른 사랑과 돌봄을 받으면서도 여전히 짐이 된다는 부담을 안고 산다. 모두가 자기를 위해서 번거롭게 이런저런 일을 하는 것 같아 보인다고 말이다. 그런 마음이 생길 수는 있지만, 그렇다고 극복하지 못할 일은 아니다. 겸손히 우리가 내릴 새로운 역이 어디인지 받아들이고 성큼 발을 내딛으면 된다.

찰스 시네이는 질병으로 힘을 잃었을 때 이 원리를 깨달았다. 평생 다른 사람을 가르치고 도우며 살았지만, 이제 남의 도움을 받는 법을 배워야 했다. 그 도움을 받기 위해 찰스는 공동체로 거처를 옮겨 다른 사람과 함께 지내야 했다. 처음에는 쉽지 않았지만, '나는 이제 아무 쓸모없다'는 생각에서 오는 절망과 우울한 기분을 끝내 기쁨으로 바꿨다.

어학을 좋아했던 찰스는 학위 몇 개를 딴 뒤에 한국과 일본, 태평양 섬나라와 중미에서 수년간 영어를 가르쳤다. 수개 국어에 능통했던 그는 자신이 가르친 숱한 학생들에게 모든 애정을 쏟았다. 사실 그렇게 가르치는 일이 찰스의 건강을 해치고 수명을 단축시켰다. 개인 지도를 하면서 팔꿈치를 책상 끝에 괴는 습관이 여러 해 반복된 탓에 급성 관절염을 얻었고, 염증이 심하게 덧나서 심장과 폐에까지 번져 중환자실에 실려 가기도 했다.

건강이 나빠지면서 찰스는 우리 공동체에 편지를 써서 세례를 받고 죄 용서를 받을 수 있는지 물었다. 찰스는 영성이 깊은 사람이었다. 세상에 불의가 판을 치는데도 무관심으로 일관하는 교회에 분노했다. 그리고 사도행전 초반부에 그려져 있는 초대 그리스도인들의 공동체에 점점 끌리고 있던 터였다.

우리 공동체에 속한 한 부부가 병원으로 찰스를 만나러 갔고, 세 사람은 회개와 고백, 죄의 용서 등 신앙의 중요한 교리에 대해 함께 이야기를 나누었다. 찰스는 인류에게 절실히 필요한 것은 죄의 용서라고 생각했다. 며칠간의 대화 끝에 찰스는 어린 시절 그렇게 권위적이었던 아버지를 더 많이 이해하고 사랑해야 한다는 결론에 이르렀다. 그의 아버지는 한국전쟁 참전 당시 겪은 일로 내면에 깊은 상처를 안고 살았다. 찰스는 지난날 절망스러웠던 순간에 스스로 삶을 포기하려고 했던 일을 후회했다.

며칠 뒤 찰스는 세례를 받았다. 병자가 누워 있는 병실에서 예수님의 말씀이 현실이 된 것이다. "건강한 자에게는 의사가 쓸 데 없고 병든 자에게라야 쓸 데 있느니라. … 나는 의인을 부르러 온 것이 아니요 죄인을 부르러 왔노라"(마 9:12-13).

그 뒤로 찰스는 우리 공동체에 와서 살았다. 혼자 생활하는 데 익숙했던 그는 갑자기 많은 사람과 다양한 활동이 이루어지는 환경에 둘러싸이자 한동안 눌려 지냈다. 자립심이 강해 때로는 쌀쌀맞아 보이기까지 했지만, 삶을 위해 몸부림치는 때에 서로 돕는 신앙인들 사이에 있는 것이 중요하다는 분명한 생각을 가지고 있었다. 몇 달 뒤 찰스는 모임에서 우리에게 이런 말을 했다.

때로 죄 때문에 마음이 눌리면 내 영혼과 생각을 마구 뒤져서 변명을 찾아내고, 그 변명이 마치 내 상처의 연고나 약이라도 되는 것처럼 여길 때가 있어요. 하지만 무엇보다 제게 도움이 되는 건 시편의 한 구절이에요. 지난 몇 년간 제 마음을 어루만진 말씀이죠. "너희는 가만히 있어 내가 하나님 됨을 알지어다"(시 46:10). 가만히 있으면서 마치 물에 빠진 사람이 움켜잡은 밧줄을 놓는 것같이 그냥 저 자신이 물에 빠지게 놔둬요. 그러면 하나님이 직접 오시거나 다른 사람을 보내 날 구출하시는 거죠.

꽤 오랫동안 함께 생활할 공동체를 찾고 있었지만, 병이 난 뒤로는 자기연민에 빠져 더 이상 찾지 않았던 것 같아요. 병원을 오가고 산소 호흡기와 약을 쓰고 전에는 할 수 있던 일도 못 하는 제 상황에 지쳤지요. 그러다가 병원에서 '뚝 떨어져' 나와 갑자기 이곳에 오게 된 거예요. 정말 함께 살 공동체를 찾고 있었던 건 아니고 하나님과 화해하고 평안히 죽을 곳을 찾고 있었던 거죠.

여기에 온 지 몇 주밖에 지나지 않았는데, 여러 사람 가운데 있자니 제 안에 변화가 시작되었습니다. 한때는 그런 변화에 화가 났어요. 그런데도 사람들이 계속 따뜻하게 다가오는 거예요. 그래도 원래 계획대로, 어차피 내가 좋아하는 일도 못 하니 죽기 전에 하나님과 화평을 이루는 일에라도 집중하고 싶었어요.

하지만 더는 버틸 수 없었어요. 화내는 것도 그렇고 사람들을 밀어내는 일도 더는 못하겠더군요. 여러분에게 정말 미안하다고 말하고 싶어요. 할 수 없는 일이 너무나도 많지만 새로 할 수 있는 일도 많다는 걸 배웠습니다. 내 주변 사람들의 모습에서 그리스도의 얼굴을 보는 것이 어느 때보다 쉬워졌어요. 이제는 오래 살고 싶습니다.

찰스의 이야기는 이웃과 공동체가 얼마나 중요한지를 보여준다. 제아무리 성공하고 독립적인 삶을 살았더라도 능력이 사라지기 시작하면 그때는 다른 사람을 찾아야 한다. 그러면 우리가 그토록 간절히 원하던 삶의 목적과 의미를 찾게 된다.

제아무리 성공하고 독립적인 삶을 살았더라도

능력이 사라지기 시작하면 그때는 다른 사람을 찾아야 한다.

4

늙은 자에게는
지혜가 있고

|

Rich in Years

노인에게는 경험에서 얻은 지혜가 있다.
인생의 먼 길을 여행해왔기에
우리 앞에 놓인 길에 관한 지혜를 들려줄 수 있다.
우리가 막 배우려고 하는 걸 그들은
이미 삶으로 살았기 때문이다.

　인생의 끝을 바라보며 나이 듦의 의미를 묻거나 삶의 목적
과 해답을 찾는 이들이 많다. 사람들은 흔히 이렇게 묻는다.
"어떻게 하면 나의 노년을 더 즐겁고 더 신 나게 보낼까요?"
그런데 오히려 이렇게 묻는 게 더 낫지 않을까? "어떻게 해야
하나님께서 나의 남은 날들을 당신의 목적에 맞게 쓰실 수 있
을까요?"

　받으려 하기보다는 주려고 할 때 하나님께서 우리를 제대
로 쓰실 수 있다. 나이가 들수록 각자 처한 상황과 상관없이 다
른 이에게 뭔가를 줄 수 있는 새로운 기회가 열린다. 내 나이
또래 사람이 중요한 일을 거뜬히 해내는 모습을 수도 없이 봐
왔다. 가족을 살뜰히 챙기는 할머니, 대가도 없이 각종 위원회
나 협회 같은 곳에서 봉사하는 할아버지가 무수히 많다. 그들

은 교회와 로터리클럽, 재향군인회, 지역 무료 급식소에서 장시간을 봉사한다. 자식을 어린이집에 맡길 형편이 안 되는 아들딸이 직장에서 일하는 동안 손자 손녀를 돌보는 이도 많다.

이들의 섬김은 돈이나 눈에 보이는 결과로 따질 수 없는 숭고한 것이다. 지폐나 동전으로 그 값을 매길 수 없다. 언제 하나님이 이렇게 물으시던가? "너는 평생 돈을 얼마나 벌었니?" "네 인생은 성공한 인생이니?" "사람들에게 얼마만큼의 영향을 끼치는 사람이었니?" 하나님은 그렇게 묻지 않으신다. 나눠주고 섬기는 일만큼 인생에서 중요한 것은 없다.

특별히 아이들에게 줄 수 있는 것이 많다. 다행히 우리에게는 아이들에게 정성을 들일 시간의 여유가 있으니 말이다. 세계사에 대한 지식을 동원해 아이의 역사 공부를 도와주는 건 어떨까? 내 아이들도 어릴 적 수학과 역사를 공부할 때 나이 든 어른들의 도움을 많이 받았다.

우리와 함께 시간을 보내는 동안 아이들의 삶은 풍요로워진다. 시나브로 우리 할아버지와 할머니는 아이들이 따르고 싶어 하는 본보기가 된다. 거창한 일을 함께할 필요는 없다. 아내와 내가 깨달은 것이 하나 있다. 사람들이 정작 원하는 것은 그저 자기 이야기를 들어줄 한 사람이라는 것이다. 그 밖에 더 할 일이 있다면 당연히 해야 한다. 낚시나 도보 여행, 야구 경기장이나 음악회에 어린아이나 십 대 아이를 데리고 가면 그 아이에게 평생 남을 견고한 우정을 쌓을 수 있다.

사도 바울은 나이가 들면서 우리가 해야 할 의무 중 하나가 다음 세대에 지혜를 전해주는 것이라고 말한다.

나이 많은 남자들은, 절제 있고, 위엄 있고, 신중하고, 믿음과 사랑과 인내심이 흔들리지 않는 사람이 되게 하십시오. … 이와 같이 그대는 젊은 남자들을 권하여 신중한 사람이 되게 하십시오. 그대는 모든 일에 선한 행실의 모범이 되십시오. 가르치는 일에 순수하고 위엄 있는 태도를 보여야 합니다. 책잡힐데가 없는 건전한 말을 하십시오. 그리하면 반대자도 우리를 걸어서 나쁘게 말할 것이 없으므로 부끄러움을 당할 것입니다 (딛 2:2, 6-8, 새번역).

지난 몇 해 동안 나는 손주들과 최대한 많은 시간을 함께 보내려고 애썼다. 그 시간이 아이들의 인생에 긍정적인 영향을 주기를 바라면서 말이다. 손주 여럿에게 운전하는 법을 가르쳤다. 때때로 마음을 졸이긴 했지만 인생 경험을 나눌 수 있는 좋은 기회가 되었다.

우리 부부는 중학생이 된 티모시를 아침 산책에 초대해서 토론을 하곤 했다. 비판적으로 사고하는 법을 가르치고 싶었기 때문이다. 그때 나눴던 이야기를 나는 까맣게 잊고 지냈는데,

몇 년 후에 티모시는 학교 잡지에 그때 이야기를 이렇게 기록했다.

산책을 하다가 할아버지가 사뭇 진지한 목소리로 질문을 시작하셨다. "티모시, 내 생각에는 이제 벌치기를 그만둘 때가 된 것 같구나. 바쁜 네 아빠에게 부담만 되고 벌들이 꿀을 모으는 것도 신통치가 않잖아. 사실 너무 번거로운 일이잖니. 물론 나도 꿀을 좋아하기는 해. 하지만 보아하니 벌통값도 안 나오는데, 네가 벌을 기르느라 들이는 비용하고 시간 값도 못 하는 것 같구나. 네 생각은 어떠니?"

따뜻한 봄날이었다. 새들이 지저귀는 소리가 들렸고 아침비에 젖은 아스팔트 냄새가 풍겼다. "음, 전 예전부터 벌치기를 좋아했어요. 벌은 좋은 꿀을 만드니까요. 아빠하고 일하는 것도 좋아요. 으… 모르겠어요."

그러자 할아버지가 언성을 높이셨다. "모르겠다니, 그게 무슨 소리냐? 머리를 써라! 생각이라는 걸 해! 내가 방금 네 생각하고 다른 얘길 했다. 그러면 넌 뭐라고 말해야겠니?"

나는 만신창이가 되었다. 도대체 무슨 말을 해야 하는데? 자기 할아버지하고 논쟁하는 사람이 세상에 어디에 있다고? 난 발밑만 내려다보고 있었다.

"자, 이제 뭐라고 대꾸할 테냐?"

그때 문득 옛날에 읽었던 책이 기억났다. 꽃가루를 옮기는 곤충이 아주 중요한 역할을 한다는 내용이었다.

"할아버지, 아주 오래전에 어떤 글을 읽었는데요. 만약 아무도 벌을 치지 않으면 세상은 7년 안에 끝이 난대요! 그것 봐요, 하실 말씀 없으시죠?"

할아버지는 기분이 좋아지셨다. "세상에, 그건 몰랐네." 하지만 곧바로 심각해지셨다. "들어봐 티모시, 내가 왜 그런 질문을 했는지 말해주마. 네가 자라면서 생각할 줄 아는 아이가 되길 바라서란다. 너, 독서 좋아하지? 좋은 습관이야. 하지만 하나님은 네게 머리를 주셨으니, 그걸 어떻게 쓰는지도 배워야지. 그건 다른 사람하고 의사소통을 해야만 배울 수 있는 거란다. 절대 잊지 마라."

절대 잊지 않았다. 계속 길을 걷는데 할아버지가 다시 언성을 높이셨다. "난 하나님이 벌을 창조하셨다고 생각하지는 않는다! 마귀가 고안해낸 거야! 얘기해봐라, 왜 하나님이 고약한 침을 가진 벌 같은 걸 만드셨는지!" 난 조금 당황했다. 그런데 옆에서 할머니가 킥킥 웃는 소리가 들렸다. 고개를 들어 할아버지를 봤더니 눈이 장난스럽게 반짝거리고 있었다.

이런 만남은 보물과도 같다. 미래를 위해 아주 값진 만남이다. 고대 사회는 이를 우리보다 더 잘 이해했다. 작가 켄트 너번은 한 아메리카 인디언 원로가 한 말을 이렇게 전한다.

인생을 길게 뻗은 선으로만 보고, 양쪽 끝에 있는 어린이와 노인은 약하고 가운데 있는 사람만 강하고, 능력이 있는 사람만 중요하다고 하면, 어린이와 노인 속에 감춰진 중요한 가치를 놓치고 만다. 어린이와 노인이 공동체에 보탬이 안 된다고 해서 그들을 선물이 아니라 짐으로만 여기고 마는 꼴이다.

그러나 어린이와 노인은 서로 차원이 다른 선물이다. 노인에게는 경험에서 얻은 지혜가 있다. 인생의 먼 길을 여행해왔기에 우리 앞에 놓인 길에 관한 지혜를 들려줄 수 있다. 우리가 막 배우려고 하는 것을 그들은 이미 삶으로 살았기 때문이다.

어린이는 나이 든 이에게 선물이고, 나이 든 이도 어린이에게 선물이라는 것을 아는가? 아침과 저녁이 하루를 완성하듯이 어린이와 노인이 인생의 여정을 완성한다는 사실을 알고 있는가?

살면서 숱하게 부딪혔던 어려운 문제를 풀어낸 경험을 다른 사람들과 나누는 것도 우리가 할 수 있는 귀한 섬김이다. 성경에 나오는 욥은 이렇게 말한다. "늙은 자에게는 지혜가 있고 장수하는 자에게는 명철이 있느니라"(욥 12:12). 젊음은 천하무적의 정열을 상징하기도 하지만, 실패와 좌절을 겪으면 쉽게 깨지기도 한다. 젊은이가 인생이라는 여정에 첫 발을 내딛고 걸어가다가 험난한 길을 만나면, 우리 나이 든 사람은 균형감각을 잃지 않도록 도우며 안심시킬 수 있다. 숱한 폭풍을 이겨낸 사람은 자신이 인정하든 안 하든 그만큼 많은 지혜를 지니기 마련이다.

파라과이에서 가난한 이를 위해 일하는 알도 트렌토 신부는 이것을 몸소 체험한 사람이다.

노년이 위대한 이유는 지혜를 지녔기 때문이다. 젊은이들에게도 중요한 바로 그 지혜 말이다. 젊은이는 인생길에서 많은 문제에 부딪히게 마련이고, 노인은 그 문제들을 이해하기 쉽게 풀어줄 수 있다. 나는 궁금한 게 있으면 나이 든 사람을 먼저 찾아간다. 문제를 알아듣기 쉽게 풀어주고 길을 보여주기 때문이다. 만약 젊은 사람을 찾아간다면, 그들이 무슨 말을 해줄 수 있을까? 경험이 없는데 말이다. 경험이란 행동만이 아니라 판단까지도 포함한다. 노인의 지혜에는 경험과 판단력이 배어 있기 때문에 "젊은이, 이 길로 가게. 이 길이 자네에게 가장 좋은 길일세" 하고 조언해줄 수 있다. 나이 든 이는 우리 인생의 벗이라는 것, 나에게는 이것이 노인의 본질이다.

작은 일을 할 때 우리가 보이는 신실함과 헌신과 열정은 젊은이에게 영감을 준다. 빈스와 진 데루카라고 이웃 마을에 사는 노부부가 있다. 나는 이 부부를 내 아들이 다니는 고등학교 축구 시합에서 처음 만났다. 그날 갑자기 소나기가 내리자 내게 우산을 빌려준 사람도 이들이었다. 빈스는 오래전 학교에 다닐 때 축구를 했었고 지금도 축구 경기가 있을 때마다 아내와 함께 나간다. 빈스는 늘 선수들에게 용기를 북돋아주고, 힘들어할 때는 다독여주고, 이겼을 때는 함께 좋아하고, 졌을 때는 차분히 위로한다. 물론 축구가 인생의 전부는 아니라고 일러주는 것도 잊지 않는다.

빈스는 아버지가 세상을 뜨자 가업인 세탁소를 물려받았다. 물론 열심히 일하고 언제나 고객을 먼저 생각하는 자세도 그대로 이어받았다. 결혼하기 전까지 빈스는 번 돈을 모두 부모님께 드렸는데, 놀랍게도 아버지는 그동안 받은 돈을 모아놓은 통장을 결혼식 날 빈스에게 건넸다.

빈스와 진은 나이 여든이 될 때까지 세탁소를 계속 지켰다. 그곳은 그냥 세탁소가 아니었다. 동네 사람들이 언제든지 찾아와 고민을 털어놓을 수 있는 곳이었다. 그들 부부는 늘 사람들의 이야기에 귀를 기울이며 연민을 보였다. 그래서 세탁소를 찾아왔던 사람들은 용기를 얻고 문을 나섰다. 종종 이들 부부에게 물자나 금전적인 도움을 받는 이도 있었다.

빈스를 처음 만났을 때 나는 예순이 넘은 나이에도 장시간 일하는 모습에 깜짝 놀랐다. 그러나 그는 오히려 내게 이렇게 말했다. "아이고, 난 하루의 반밖에 일 안 해요. 매일 하루가 시작되는 걸 기다릴 수 없을 정도로 신이 나는데요!" 빈스는 아침 다섯 시에 일어나 도시락을 싸서 출근했다가 저녁 다섯 시가 되면 가게 문을 닫고 집으로 돌아온다. 그에게 하루 열두 시간 일하는 건 반일 근무에 불과하다.

그러나 빈스와 진은 거기서 멈추지 않았다. 세탁소를 그만둔 지금도 두 사람은 지역에서 자원봉사를 하며 하루하루를 보내고, 젊은 자원봉사자의 멘토가 되어 어떤 직업을 선택하든 헌신적인 삶을 살 수 있다고 격려한다. 나이가 들수록 그들의 육신은 약해졌지만 영성은 강해졌다. 두 사람이 주는 평화와 소박함, 조용한 기쁨에 비하면 그들이 지닌 지식과 성공은 하찮아 보일 정도였다.

이들 부부는 여전히 건강해서 아직 다른 사람의 도움이 크게 필요하지 않은 상태다. 하지만 다른 사람의 도움이 조금씩 필요해질 때에는 잊지 말아야 할 중요한 사실이 있다. 다른 사람에게 우리를 돌볼 기회를 주면, 사실은 우리를 돕는 그 사람이 우리에게서 무언가를 받는다는 사실이다. 그가 인생의 폭풍을 지날 때 우리가 든든한 닻이 되어줄 수 있다. 노인요양사로 일하는 제롬(가명)은 인생의 중대한 갈림길에서 이 사실을 깨달았다.

나는 내 일에 만족했지만 결혼 생활은 삐걱거렸다. 아내 주디는 고심 끝에 아이 넷을 데리고 날 떠나기로 했다. 어쩌면 우리는 그렇게 영영 헤어질 수도 있었다.

그때 톰과 로즈라는 노부부 집을 매일 방문해서 그들을 돌보는 일이 내 삶에 커다란 의미가 되었다. 되돌아보면 정신적으로 심각한 혼란을 겪고 있던 나에게 찾아온 뜻밖의 행운이었다. 두 사람의 집을 자주 방문하면서 우리는 서로를 잘 알게 되었다. 톰과 로즈의 인생도 그리 순탄하지는 않았다. 톰은 2차 세계대전에 참전했지만, 그 일에 대해서는 별로 말하고 싶어 하지 않았다. 석공으로 일하다 은퇴한 톰은 당뇨병을 앓았고 보조기에 의지해 걸었다. 로즈는 뇌출혈로 쓰러진 적이 있고 관절염에 시달렸다.

그때까지만 해도 나는 두 사람을 사무적으로 대했다. 빨래를 하고 목욕을 돕고 이탈리아와 멕시코 풍의 매운 음식을 좋아하는 두 사람을 위해 요리를 했다. 원칙적으로 병원 유니폼을 입게 되어 있는데, 어느 날 로즈는 내게 제발 자기 집에 올 때는 사복을 입어달라고 부탁했다. 자기 집에 '병원 직원'을 두기 싫다는 이유였다. 그다음에는 자기들끼리만 먹기 이상하니까 함께 밥을 먹자고 했다. 일을 할 때는 유니폼을 입고, 고객과는 공적인 관계를 유지하고, 고객에게 선물을 받지 않는 것이 회사 방침이라 안 된다고 했더니 톰이 이렇게 말했다.

"회사는 잊어버리게. 여기는 회사가 아니라 우리 집이야. 내 집에서는 내가 규칙을 만드네. 그러니 자네도 우리 가족이라고 생각해주게."

아내가 아이들을 데리고 내 곁을 떠난 날, 톰과 로즈는 내게 무슨 일이 일어났다는 것을 알아차렸다. 하지만 꼬치꼬치 묻는 대신 나중에 준비가 되면 이야기하라고, 언제든 들어주겠다고 나를 위로했다. 어느 날 저녁을 먹는 자리에서 나는 말문을 열었다. 지금 혼자이고 앞으로 어떻게 해야 할지 모르겠다고. 두 사람은 내가 겪고 있는 힘든 시간을 이해하고 존중한다고 말해주었다. 그리고 우리가 뭐라고 결혼 서약을 했는지 묻더니 자기네 결혼 서약에 대해 말해주었다. "죽음이 우리를 갈라놓을 때까지…." 두 커플 사이에는 공통점이 있었다. 똑같은 결혼 서약을 했던 것이다. 톰과 로즈는 우리 부부의 일이 잘될 거라고 믿었다.

톰과 로즈는 결혼 초기에 흔들렸던 둘의 관계에 대해 이야기해주었다. 그리고 나와 아내를 위해 기도하겠다며 나를 위로했다. 두 사람이 정말 우리를 위해 기도했다는 것을 나는 잘 안다.

결국 두 사람의 기도가 이루어졌다. 마침내 나는 아내와 아이들과 다시 합치게 되었다. 그때 내가 두 사람을 돌보았던 시간, 아니 사실은 두 사람이 나를 돌보았던 시간이 떠올랐다.

두 사람의 믿음과 나를 향한 신뢰는 이루 말로 표현 못 할 정도로 큰 도움이 되었다. 내가 너무 힘들어할 때 로즈가 읽어준 성경 구절을 절대 잊지 못할 것이다. "이는 우리 마음이 혹 우리를 책망할 일이 있어도 하나님은 우리 마음보다 크시고 모든 것을 아시기 때문이라"(요일 3:20).

나이 든 우리들이 해줄 수 있는 일 중에 가장 중요한 것은 아마도 기도일 것이다. 교황 베네딕토 16세를 몇 번 만난 적이 있는데, 교황으로 선출되기 전 한 모임에서 내 손자 티모시를 위해 축복 기도를 해주었다. 그가 몇 해 전 로마에 있는 한 노인요양원에서 한 말이 있다.

나이가 들면 종종 향수에 젖어 활기차게 미래를 준비하던 젊은 시절을 되돌아보기 마련입니다. 그럴 때면 우리 눈은 슬픔으로 가려져 지금 이 순간을 인생의 해 질 녘으로 보게 됩니다. 노년에 겪는 어려움이 뭔지 저도 잘 알지만, 나이가 드는 건 분명 아름다운 일이라고 확신합니다.
   사랑하는 형제자매 여러분, 어떤 날에는 힘든 일만 있고 약속이나 모임도 별로 없어서 지루하고 허무한 기분이 들어도 가슴 아파하지 마십시오. 여러분은 사회의 재산입니다. 고통받고 아픈 분도 마찬가지입니다. 인생에서 지금 이 순간은 하나님과의 관계를 더 친밀하게 하라고 여러분에게 주는 선물입니다. 여러분이 가진 자원 중에서 가장 중요한 것은 기도라는 걸 잊지 마십시오. 견고한 믿음으로 다른 사람을 위해 기도할 수 있습니다. 교회와 저를 위해 기도해주십시오. 세상이 겪는 어려움을 위해, 가난한 이들을 위해 기도해주시고, 세상에서 폭력이 멈추게 기도해주십시오. 나이 든 사람의 기도는 세상을 보호하고 도울 수 있습니다. 같이 염려하고 불안해하는 것보다 기도하는 것이 훨씬 더 효과적입니다.

이웃에 있는 한 교회는 몇 년 전 젊은이들에게 다가가기가 너무 어려워 애를 태운 적이 있다. 그래서 생각한 것이 '짝 기도'였다. 노인 한 사람과 십 대 한 사람을 연결해 일 년 동안 서로를 위해 매일 기도하게 했다. 그렇다고 서로 만난 것은 아니고 기도 짝의 이름만 받았다. 일 년이 지나자 교회는 잔치를 열어서 기도 짝이 만나는 자리를 마련했다. 그리고 기도 짝을 맺어주자는 아주 단순한 발상에서 시작한 일로 노인과 젊은이 사이에 진실하고 훈훈한 관계가 형성된 것을 보고 무척 놀랐다.

이처럼 때로는 이런 프로그램이 돈독한 관계를 맺는 데 도움을 준다. 그렇다고 늘 이런 프로그램을 실행할 수 있는 것은 아니다. 그래도 우리는 우리가 만나는 모든 사람의 가슴을 울릴 수 있다. 아무리 짧은 만남이라도 얼마든지 가능하다. 나의 아버지가 젊었을 적에 쓴 글 중에 이런 글이 있다.

시간을 더 잘 활용할 수는 없는 걸까? 우리에게 주어진 시간이 얼마나 짧은지 모두 잊어버린 건 아닐까? 사람이 가진 것 중에 가장 위대한 선물은 다른 사람이나 하나님과 맺는 관계다. 누구를 만나든 그 사람과의 만남이 진정한 만남이 되게 해야 한다. 그 사람 마음 깊은 곳에 있는 것을 참으로 이해하는 그런 만남 말이다. 그런 만남은 덧없이 흘러가는 시간에 휩쓸려 사라지지 않고, 소중한 가치를 고스란히 간직한 채 우리 안에 영원히 남을 것이다. 한 사람 한 사람을 만날 때마다 우리는 진리와 가까워질 기회를 얻는다.

노년에 우리가 할 수 있는 일이 이것이 전부라고 해도 괜찮다. 사실 이것은 받아들이기 어려운 역할일 수도 있다. 바울도 하루빨리 죽어서 그리스도와 함께 있기를 원했지만, 이 땅에서 자기가 사랑하는 이들 곁에 거하며 그들을 돕기 위해 씨름했다(빌 1:22-24). 남은 시간이 얼마이든지 다른 이들이 하나님과 더 깊은 관계를 맺고 기도하며 살도록 도와야 한다. 이것이 우리가 줄 수 있는 가장 값진 선물이 아닐까?

일흔아홉 살의 나이에도 생기가 넘치던 오랜 이웃 위니프레드 힐델은 어느 날 일반적인 심장 수술을 받았다. 그런데 갑작스러운 합병증으로 그만 병원에서 숨을 거두고 말았다. 며칠 후면 퇴원해서 집에 돌아올 것으로 생각했던 가족들은 커다란 충격에 빠졌다. 그러나 몇 주 후 남편 루디가 받은 편지에는 예수님을 향한 위니프레드의 깊은 믿음이 병원에서 만난 많은 이를 감동시켰다고 적혀 있었다. 위니프레드의 주치의가 보낸 편지였다.

이렇게 힘든 시기에 저를 생각하고 편지를 주셔서 감사합니다. 제게는 아주 소중한 편지였습니다. 편지를 읽고 삶과 죽음의 결정은 저 같은 의사가 내리는 것이 아니라는 것을 다시 확신하게 되었습니다. 우리를 본향으로 데려가시는 건 오직 하나님의 뜻이라는 것을요.

위니프레드는 좋은 분이셨습니다. 대화를 나누다 보면 그녀가 얼마나 생명력이 가득한 사람인지 또렷이 알 수 있었습니다. 위니프레드는 삶의 열정을 곁에 있는 사람들과 나누고 싶어 했습니다. 병원으로 수많은 친구와 가족이 찾아와 찬송을 부르고 기도하는 것을 보고 위니프레드가 주변에 있는 많은 분의 가슴을 울렸다는 것을 알았고, 그래서 속히 쾌차하길 더 간절히 바랐습니다. 그런데 갑작스러운 죽음이 찾아왔고 그 때문에 곁에 있는 분들이 허무함을 느낄 거라고 걱정했습니다. 그런데 지금 생각하니 많은 분이 위니프레드를 그리워하기는 해도 허무감에 시달리지는 않는 것 같습니다. 오히려 그녀는 기쁨과 음악, 그리고 사랑이라는 유산을 남편과 자녀들에게 남겼습니다. 이 사실을 생각하면 의사로서 환자를 잃었다는 사실을 받아들이는 데 도움이 됩니다.

이 말은 꼭 적어야겠습니다. 선생님과 선생님 가족의 믿음은 병원에 있는 우리 모두의 마음을 움직였습니다. 매일 위니프레드의 병상에서 목격한 하나님과 서로를 향한 깊은 사랑은 제가 전에 한 번도 본 적이 없는 것이었습니다. 우리처럼 병원에서 일하는 사람은 환자를 돌보는 업무 때문에 피곤하고 지치기도 합니다. 때때로 무감각해지기도 하고요. 하지만 위니프레드가 세상을 떠난 날 병동에 있던 많은 사람이 눈물을 흘렸습니다. 자주 있는 일이 아닙니다. 그 눈물은 위니프레드의 삶이 우리의 마음을 새롭게 하고 우리가 왜 이곳에 부름을 받았는지 깨닫게 해주었기 때문에 흘린 눈물입니다. 마음이 새로워지는 경험을 할 수 있게 해주셔서 감사합니다.

우리의 죽음이 오히려 다른 사람을 하나님께로 이끌 수 있다. 한 사람이 어떤 삶을 살고 어떻게 죽음을 맞이하는지는 뒤에 남은 사람들에게 엄청난 영향을 끼칠 수 있다. 헨리 워드 비처는 이렇게 적었다.

저녁 무렵 마침내 해가 지평선 뒤로 넘어간 후에도 낮 동안 해가 했던 일의 흔적은 한동안 남는다. 해가 지평선을 넘어간 뒤에도 하늘은 한 시간은 족히 붉게 타오른다. 선량하고 위대한 사람의 일생도 마찬가지다. 마침내 그의 인생이 황혼에 닿을 때 세상의 하늘은 그가 떠나고 난 뒤에도 한참 동안 빛난다. 사실 그 사람은 이 세상에서 죽어도 죽는 것이 아니다. 우리 곁을 떠나면서도 자신의 일부를 남기기 때문이다. 죽었으면서도 여전히 말을 하기 때문이다.

나이가 몇이고 건강이 어떻든 주변 사람들의 인생에 영향을 끼치고 마음을 어루만질 시간이 우리에게 얼마나 남았는지 확실히 아는 사람은 아무도 없다. 그러니 아직 남아 있는 힘을 더욱더 하나님의 목적을 위해 사용할 수 있게 도와달라고 하나님께 간구해야 한다.

한 사람이 어떤 삶을 살고
어떻게 죽음을 맞이하는지는
뒤에 남은 사람들에게
엄청난 영향을 끼친다.

5

고통을 이겨내면
가슴이 넓어진다

|

Rich in Years

고통은 금이 불 속에서 단련되는 과정에 빗댈 수 있다.
고통은 우리를 기다리는 인생의 최종 목적,
즉 하나님과의 온전한 연합을 준비하는 과정이다.

　나이가 들면 병약해지는 것을 피할 길이 없다. 불편을 느끼고 좌절을 겪고 육체의 고통과 정신적 괴로움이 찾아온다. 고통받는 것을 좋아하는 사람은 아무도 없으니 모두 있는 힘을 다해 피하려고 애쓴다. 하지만 세상에는 고통과 죄가 가득해서 벗어날 길이 없다. 하나님께 불순종한 아담과 하와가 너희와 너희 후손까지 고통을 받을 것이라는 경고와 함께 에덴동산에서 쫓겨난 뒤 고통은 우리 인간의 숙명이 되었다.

　또 여자에게 이르시되 내가 네게 임신하는 고통을 크게 더하리니 네가 수고하고 자식을 낳을 것이며 너는 남편을 원하고 남편은 너를 다스릴 것이니라 하시고 아담에게 이르시되 네가 네 아내의 말을 듣고 내가 네게 먹지 말라 한 나무의 열매를

먹었은즉 땅은 너로 말미암아 저주를 받고 너는 네 평생에 수고하여야 그 소산을 먹으리라(창 3:16-17).

병과 고통을 애써 피하려고만 하면 노년에 겪는 중요한 측면, 즉 고통이 지니는 속죄하는 힘을 놓치고 만다. 이 힘은 우리가 겪는 고통을 통해 다른 사람의 고통에 눈 뜨게 하는 위대한 힘이자, 고통을 겪는 우리로 하여금 하나님을 바라보게 하는 힘이다.

고통은 금이 불 속에서 단련되는 과정에 빗댈 수 있다. 고통은 우리를 기다리는 인생의 최종 목적, 즉 하나님과 온전히 연합되는 순간을 준비하는 과정이다. 예수님을 만나고 싶어 하는 내 친구들에게 영감을 준 퀘이커 신학자 토머스 켈리는 이 점을 깊이 이해했다.

고통을 이겨내면 가슴은 넓어지고 깊어진다. 아, 그러나 가슴이 넓어질 때 겪는 괴로움이란! 그 고통은 사실 다른 이의 고통에 눈 뜨도록 준비시키는 고통이다. … 교리로서의 십자가를 생각하는 것은 하나도 고통스럽지 않지만, 십자가를 지고 살아가는 것은 괴롭고도 영광스러운 일이다. 하나님은 당신의 마음속에서 꺼낸 십자가를 거룩한 순종의 길을 따라 놓으셨다. 그리고 사랑하는 하나님의 백성들이 기꺼운 마음으로 고통을 받아들이고, 고통이 은혜로운 하나님의 사랑을 보여주는 마지막 인치심인 것을 알도록 기적을 일으키신다.

고통을 통해 하나님께 나아가지 않으면, 고통은 절망과 좌절을 안겨줄 뿐이다. 아우슈비츠 수용소에서 삼 년을 갇혀 지낸 오스트리아의 정신과 의사 빅토르 프랑클은 사람을 죽음으로 몰고 가는 가장 큰 원인이 무엇인지 목격했다. 그것은 바로 희망을 잃어버리는 것이다. 프랑클은 아무리 건강한 사람이라도 삶의 희망과 이유를 잃으면 맥없이 무릎을 꿇고 만다는 것을 알게 되었다.

앞날에 대한 희망과 믿음을 잃은 수감자는 절망했다. 그는 앞날에 대한 믿음을 잃으면서 정신을 붙들어주던 요새마저 잃었다. 자포자기했고 결국 마음과 몸이 망가졌다. 보통 이런 위기는 조용히 갑작스레 찾아온다. 수용소 생활을 오래 한 사람들에게는 익숙한 증상이다. 우리는 모두 그 순간이 찾아올까 봐 두려워했다. 자기 자신이 그렇게 될까 봐 무의미하게 걱정한 것이 아니다. 함께 있는 사람들, 우리의 친구들이 그렇게 될까 봐 걱정했다.

프리드리히 니체도 '왜' 사는지 삶의 목적이 있는 사람은

'어떤' 삶이 닥쳐오더라도 꿋꿋이 견뎌낸다는 사실을 간파했다. 나 역시 '왜' 사는지 삶의 목적을 잃은 사람을 수없이 상담했다. 그들은 지옥 속에서 살다가 거기서 빠져나올 길이 없음을 알고 자살의 유혹을 느끼거나 '존엄한 죽음'이라는 완곡한 말로 포장된 안락사의 유혹에 솔깃해했다.

연민으로 한 행동이라도 인간의 생명을 빼앗는 것은 분명 잘못된 것이다. 하나님은 우리 각 사람을 '하나님의 형상대로' 지으셨다. 생명을 주신 분이 하나님이시니 거두어갈 권리가 있는 분도 하나님뿐이다. 사실 자살은 하나님에 대한 반역 행위이자, "나에게는 아무 가망이 없다. 내 문제는 하나님도 어떻게 하실 수 없다" 하고 말하는 것이나 다름없다. 자살은 하나님의 은혜가 우리의 약함보다 훨씬 위대하다는 사실을 부인하는 행위다.

설사 그렇게 아무 희망이 없는 상황에 처할지라도 언제든 하나님을 찾을 수 있고 하나님의 긍휼과 은혜를 구할 수 있다. 모든 것이 끝난 것 같은 순간에도 하나님은 우리에게 새로운 희망과 용기를 주길 원하신다. 우리가 하나님을 배반했다고 자책하는 순간에도 마찬가지다. 하나님은 언제라도 모든 죄를 용서하실 준비가 되어 있다. 우리는 그저 겸손하게 용서를 구하기만 하면 된다. 자살을 생각하는 사람이 옆에 있다면 그에게 사랑을 보여주라. 하나님이 우리 각 사람을 창조하셨고, 그러므로 우리에게는 각자 이뤄야 할 목적이 있다는 사실을 상기시켜라. 이것이 우리가 그에게 할 수 있는 가장 중요한 일이다.

　자살 충동에 시달릴 정도로 우울해하는 사람을 돕는 것이 겁날 수도 있지만, 그만큼 보람 있는 일이기도 하다. 휴고 스타헬이라는 사람이 있다. 내가 어렸을 때부터 알고 지냈고 어떤 면에서 내게는 아버지와도 같은 분이다. 키가 크고 근면 성실한 사람이었는데 인생의 시련을 겪고 거의 무너질 뻔했다. 맏아들이 스물아홉 살에 스스로 목숨을 끊었다. 휴고와 아내는 엄청난 충격을 받았고 이 일은 남은 인생 내내 휴고에게 심한 고통을 안겨주었다.

　휴고는 노년에 육체적으로도 정신적으로도 많은 질병에 시달렸다. 아내마저 먼저 세상을 떠났다. 휴고는 자살 충동에 시달리다 실제로 몇 번 자살을 시도하기도 했다. 나는 휴고를 찾아가 몇 시간이고 그가 하는 말에 귀를 기울였다. 그리고 그가 죽으면 가족들과 그를 알고 사랑하는 모든 이들이 엄청난 충격을 받고 비탄에 빠질 거라고 다시 한 번 알려주었다. 휴고는 믿음이 강했지만 종종 하나님의 존재를 의심하기도 했다. 또한 자살을 시도했던 일을 하나님이 과연 용서해주실지 의심했다. 그러나 육신은 서서히 시들어가는 와중에도 믿음은 성장했고, 마침내 기도와 사랑으로 모든 것을 극복한 듯했다. 휴고는 여든일곱의 나이에 평화롭게 세상을 떠났다.

고통을 이겨내면 가슴은 넓어지고 깊어진다.

아, 그러나 가슴이 넓어질 때 겪는 괴로움이란!

자살과 안락사는 우리 인간이 고통을 피하기 위해 선택하는 가장 과격한 수단이다. 사실 자살이나 안락사를 전혀 고려하지 않는 사람들도 무슨 수를 써서든 고통을 피하려고 최선을 다한다. 몸에 문제가 생기면, "지금 하나님이 내게 바라시는 게 뭘까?", "이 문제를 통해 하나님이 무슨 말씀을 하시려는 걸까?" 하고 자문하기보다 의사를 찾아가기 바쁘다. 중병이나 죽음에 대한 두려움은 그 위력이 대단하다. 어쩌면 우리 안에는 우리가 인정하는 것보다 훨씬 큰 두려움이 자리하고 있는지도 모른다. 우리가 이런 공포에서 벗어나 오직 하나님께만 집중할 수 있다면 얼마나 좋을까!

의술은 대다수 노인의 삶에서 중요한 부분을 차지한다. 그러나 의술은 우리에게 큰 축복인 만큼 저주이기도 하다. 의술에 지나치게 의존하는 노년의 삶은 오히려 인간답지 못한 삶이 될 수도 있다. 늘 이번이 마지막이라고 하는 온갖 검사와 진단상의 절차에 무턱대고 동의하는 것은 판도라의 상자를 여는 것이나 진배없다. '문제'로 발견된 것들이 사실은 문제가 아닐 때가 허다하다. 그런 문제를 안고 죽었다고 해서 꼭 그것 때문에 죽었다고 볼 수 없는 경우가 많다는 말이다. 그리고 일단 문제가 발견되면 의사에게는 그 문제를 해결해야 할 의무가 생긴다. 그러면 그때부터는 종잡을 수 없는 내리막길이 시작된다. 이 검사가 끝나면 저 검사, 저 검사가 끝나면 이 검사, 검사가 꼬리에 꼬리를 물고 이어진다. 그리고 얼마 가지 않아 일련의 진단 및 치료 과정에서 생긴 감염이나 수술 합병증 또는 약물 부작용으로 목숨을 잃게 될 수도 있다.

혹시 지금 우리가 의학에 속고 있는 것은 아닌지 자문해보아야 한다. 요즘은 실제로 인간의 모든 장기를 교체하거나 보수하는 일이 가능하고, 그걸 지지하는 논리도 차고 넘친다. 하지만 그리 오래되지 않은 예전만 해도 사람들이 오늘처럼 많은 치료를 받지 않고도 잘 살고 죽었다는 사실을 잊지 말아야 한다. 그 시절의 사람들은 비록 평균 수명은 짧았을지라도 알차고 생산적인 삶을 살았다. 아마 지금 우리보다 더 생산적인 삶을 살았는지도 모른다.

어린 시절 내내 나는 크리스텔 클뤼버의 가족과 가깝게 지냈다. 크리스텔의 형제들은 나의 단짝이었다. 우리는 나쁜 일이 있을 때나 좋은 일이 있을 때나 늘 붙어 다녔다. 열정이 넘치는 유치원 교사였던 크리스텔은 사십 대 초반에 신경 곳곳에 염증이 생겨 움직이지 못하는 다발성경화증에 걸렸다. 활달하고 유능했던 크리스텔은 이 병 때문에 점점 더 약에만 의존했다. 그러다 어느 순간 약이 증상을 완화하는 데 도움이 되는지는 몰라도 충만한 삶을 사는 데는 방해가 될 수도 있다는 생각이 들었다. 크리스텔을 곁에서 돌보던 간병인은 그때 일을 이렇게 기억했다.

제가 돌보기 시작했을 때는 이미 하반신이 마비된 상태였어요. 늘 경련과 통증에 시달렸죠. 정신적으로나 영적으로 활기를 잃지 않으려는 투지마저 사라지기 시작했습니다. 병으로 쓰러지기 전에는 누구보다 활기 넘치는 사람이었는데 말이에요. 크리스텔은 많은 약을 복용하고 있었습니다. 기본적인 문제에는 도움이 되었지만 그만큼 부작용도 많았어요. 기억이 흐려지고 시간 감각이 없어져서 세월이 가는지 오는지도 모르게 되었죠.

크리스텔은 "내가 하나님보다 약을 더 믿고 있는 건 아닐까?" 하고 생각했죠. 그래서 한두 가지 약과 치료만 빼고 나머지는 모두 안 받거나 줄이기로 했어요. 쉬운 결정은 아니었습니다. 사실 우리는 결과가 어떻게 나타날지 몰라 반대했어요. 그건 어디까지나 믿음으로 내디딘 걸음이었어요.

정말 놀랍게도 크리스텔은 한 고비를 넘겼답니다. 경련은 계속되었지만 전보다는 횟수가 줄었어요. 깨어 있는 시간도 많아졌고 정신도 더 또렷해지고 대화의 폭도 넓어지고 활발해졌죠. 그녀가 처한 상황을 위해 많이 기도했습니다. 크리스텔은 병을 견디는 일 말고도 내면의 전투도 치러야 했어요. 우리는 우리가 상상했던 것과는 성질이 전혀 다른 이 치유의 기적을 절대로 잊지 못할 겁니다. 비록 몸은 많이 아팠지만, 크리스텔은 기쁨과 사랑을 발산하며 남은 시간을 살았어요.

몇 년 전 약물과 의료진에게 의존하는 것에 대해 다시 생각해볼 기회가 있었다. 으레 하는 정기 검진을 받으러 갔다가 심장을 여는 큰 수술을 받아야 한다는 말을 들었다. 그게 다가 아니었다. 의료진은 내게 수술이 시급하다고 했다. 마음의 준비를 할 시간조차 없었다.

수술을 받고 병실에 누워 있는 며칠 동안 회복이 어려울 것만 같았다. 가족과 친구를 다시 볼 수나 있을지 불투명했다. 다행히 의료진은 아내와 내가 단둘이 시간을 보낼 수 있게 배려해주었다. 정말 오랜만에 우리는 서로에게 물었다. "우리, 정말 헤어질 준비가 된 걸까? 당장 내일이라도 서로를 볼 수 없게 되면 어떻게 될까?" 서로에게 용서를 구할 수 있다는 건 구원을 받는 것과 같았다. 우리는 함께 많이 울고 또 많이 웃었다.

감사하게도 수술 결과는 좋았지만, 완전히 회복되지는 않았다. 그때 하나님의 위대한 선지자의 이야기를 노래한 멘델스존의 오라토리오 〈엘리야〉를 자주 들었다. 그중에서도 특히 독창 한 곡이 마음에 깊이 와 닿았다. "너의 길을 주께 맡겨라. 주님을 신뢰하라." 사실 하나님께 순종하는 것은 참으로 어려운 일이다. 인간의 본성을 거스르는 일이기 때문이다. 복종한다는 것은 곧 나의 힘과 능력을 내려놓는 것을 의미하기에 우리는 반항하고 저항한다.

그런 시련을 겪으면서 구약에 나오는 욥이라는 인물이 생각났다. 그는 세상이 귀하게 여기는 모든 것을 소유한 사람이었다. 아내와 재산, 자녀들, 성공, 사회적 지위까지 모두 가지고 있었다. 하지만 하나님은 사탄이 욥을 시험하도록 허락하셨다. 세상의 부가 없어도 여전히 하나님을 사랑하는지 보려고 말이다. 욥은 자신의 건강을 비롯해 모든 것을 잃었다. 그러자 친구들, 심지어 아내마저도 욥에게 하나님을 욕하고 죽으라며 조롱했다. 그러나 욥은 계속 하나님을 찬양하고 그분의 뜻에 순종했기에 마침내 모든 것이 회복되었고 처음보다 더 큰 복을 받았다.

내 심장은 여전히 건강하지 않다. 의사들은 심장 수술을 다시 받고 판막을 이식하면 십 년에서 이십 년은 더 살 수 있을 거라고 장담한다. 하지만 나는 그 길을 선택하지 않을 생각이다. 대신에 내 심장이 뛰는 마지막 순간까지 하나님나라를 위해 일하고 하나님을 찬양할 것이다. 죽는 것이 두려워서 수명을 조금이라도 더 늘인다고 내가 얻을 것이 무얼까? 하루를 더 사느냐 십 년을 더 사느냐는 중요하지 않다. 얼마를 살든 하나님을 찬양하고 그분을 영광스럽게 하는 삶을 살아야 한다.

6

치매 환자와
함께 살아가는 법

Rich in Years

섬기는 법이나 긍휼히 여기는 마음을
배우고 싶어 하는 이가 있다면,
알츠하이머에 걸린 이를 돌보게 하라.
그들의 사랑을 받는 일만큼 멋지고 보람 있는 일은 없다.

노년에 겪는 통증과 고통은 대개 처음에는 대수롭지 않은 불편함 정도로 시작되었다가 갈수록 문제가 심각해지기 일쑤다. 정신이 허물어지는 것도 마찬가지다. 처음에는 평범한 건망증에서 시작했다가 알츠하이머의 가장 흔한 형태인 치매로 발전하곤 한다. 요즘 부쩍 치매에 대해 많이 생각한다. 사랑하는 교회 식구 몇 명이 이 병에 걸렸기 때문이다.

정신을 놓아버릴지도 모른다는 데 생각이 미치면 열이면 열 누구나 겁을 먹는다. 그건 아마도 우리 사회가 치매에 잘못 접근하고 있는 탓일 것이다. 치매에 걸려도 요양원에 갇혀 있을 필요가 없다면, 사람들은 아마 지금보다 치매를 덜 두려워할 것이다. 치매에 걸린 사람이 있으면 요양기관에 보내기보다는 우리 곁에 두고 소중하게 돌봐야 한다. 우리 교회는 치매에 걸린 사람들이 최대한 다른 이들과 어울려 살며 공동체 생활과 활동에 함께 참여하도록 돕는다. 젊은이들도 주말마다 돌아가며 치매에 걸린 분을 돌보고 함께 시간을 보낸다.

　알츠하이머 같은 질병은 가능하다면 가족 안에서 인내와 사랑으로 돌봐야 한다. 그렇게 하는 것이 힘들 수도 있지만 다른 방법은 훨씬 더 안 좋다. 치매에 걸린 사람을 마치 짐짝 다루듯 기관에 수용하는 일은 아무도 경험하지 않았으면 한다. 특히 내가 아끼는 사람은 더더욱. 물론 다른 방법이 없어서 부모님을 시설에 보내는 이들이 많은 것이 현실이다. 그런 뒤에는 죄책감을 느끼고 아파하고 부끄러워하기 마련이고. 이해한다. 이런 문제에 딱 부러진 답을 하기란 쉽지 않다. 하지만 그래도 다른 길이 있지 않을까?

　쉬운 일은 아니겠지만 우리 사회가 이런 병의 긍정적인 면에 집중하면 어떨까 생각해보곤 한다. 치매에 걸리면 어린아이로 돌아간다. 이런 긍정적인 점에서 본다면, 치매에 걸린 사람은 짐이 아니라 오히려 보물이 아닐까? 누가 치매에 걸렸다고 해서 부끄러워 쉬쉬하고 마치 지옥에 빠진 것처럼 절망할 일이 아니다. 독일에서 알츠하이머에 걸린 이들을 돌본 데트레프 만케 목사는 내게 이런 말을 했다.

　섬기는 법을 배우고 싶어 하는 사람이 있다면, 알츠하이머에 걸린 이를 돌보게 하십시오. 긍휼히 여기는 마음을 배우고 싶어 하는 사람도 알츠하이머에 걸린 이와 함께 지내게 하면 됩니다. 그들이 우리를 보고 '저 사람은 내 모든 것을 이해하는구나' 하고 느낄 때 그들의 사랑을 받는 일만큼 멋지고 보람 있는 일은 없으니까요.

그런 병에 걸린 분은 지금 이 시간을 온전히 사는 것이 뭔지 우리에게 가르쳐줍니다. 그것만으로도 모험이죠. 좀 전까지 슬퍼하고 단단히 화났던 사람이 일순간에 너무나 행복한 사람으로 변하니까요. 곁에서 돌보는 사람은 똑같은 질문에 몇 번이고 대답할 각오를 해야 합니다.

오랜 세월과 다양한 경험을 거치며 풍성해진 그분들의 인품을 늘 존중해야 합니다. 만약 그분들이 말도 안 되는 말을 한다고 생각한다면, 그건 우리가 둔한 탓입니다. 그분들의 풍요로운 세상으로 들어갈 열쇠가 없다는 뜻이니까요.

그 열쇠를 손에 넣는 사람만이 흔히 말하는 '창' 너머를 경험하게 됩니다. 그 창은 알츠하이머 말기에도 여전히 열리고 영원과 맞닿아 있습니다. 제가 지난 세월 이분들과 함께 지내며 확실히 발견한 것이 있다면 바로 이것입니다. 제아무리 치매 같은 병이라도 한 사람의 영혼에까지 해를 끼치지는 못합니다.

데트레프의 제안처럼 알츠하이머에 걸린 사람이 우리의 세계를 이해하도록 몰아붙일 것이 아니라 반대로 그들의 세상을 이해하려고 노력해야 한다. 물론 이 사실을 안다고 해도 현실은 쉽지 않다. 우리 교회의 한 분이 들려주는 다음의 이야기를 들으면 이 문제의 본질이 보일 것이다. 이분의 시아버지는 치매에 걸려 병세가 급격히 악화되는 바람에 곁에 있는 사람들이 보기 안쓰러울 정도였다.

병은 별의별 증상으로 정체를 드러냈습니다. 아버님은 집 밖으로 나가 사라지기 일쑤였죠. 돌보는 사람이 찾아가 집으로 모시고 오려고 해도 왜 집에 가야 하는지 전혀 설득이 안 됐어요. 아버님은 누군가 자기를 해치려는 음모를 짜고 있다는 망상에 시달렸습니다. 그래서 침실 선반이나 가구 아래까지도 손전등으로 비추며 누가 숨어 있는지 수색하셨죠. 한번 시작하면 보통 서너 시간을 그렇게 하셨어요. 때로는 아주 거칠게 돌변해서 시어머니에게 폭력을 쓰기도 하셨고요. 화장실에 갈 때 누가 거들려고 하면 완강히 거부하셨어요. 한번은 남편이 목욕을 도와 드리다가 심하게 얻어맞아서 코뼈가 부러질 뻔한 적도 있었어요. 돌아가시기 몇 주 전에는 주무시기 싫다고 밤새 안락의자에 앉아 버티셨고요. 돌보는 사람이 아버님더러 신발을 벗고 침대에서 주무시라고 아무리 달래도 소용이 없었어요.

아버님이 그렇게 고통당하시는 걸 보면서 우리는 무릎으로 기도할 수밖에 없었어요. 아버님이 워낙 완강하게 거부하셨기 때문에 어떻게 도와드릴 수가 없었습니다. 그저 하루하루를 넘길 뿐 앞날은 생각조차 못 했어요. 대신 '지금의 모습은 우리가 알던 아버지의 진짜 모습이 아니다'라는 사실을 명심하려고 노력했습니다. 여느 사람이 몸이 병에 걸리듯 정신의 질병을 앓고 있을 뿐이라고요.

그런 폭풍의 시간을 겪으면서도 어머님은 아버님 곁을 꿋꿋이 지키셨어요. 죽음이 갈라놓을 때까지 함께하기로 약속하지 않았냐 하시면서요. 어머님은 언젠가는 아버님이 나아지실 거라는 희망을 잃지 않으셨어요. 어머님의 그런 신의와 희망에 가득한 모습은 우리에게 어떤 말보다 확실한 본보기가 되었습니다.

아버님은 갑작스럽게 임종을 맞으셨어요. 약을 죄다 끊으시더니 다음에는 음식과 물을 끊고, 얼마 안 있어 혼수상태에 빠졌다가 숨을 거두셨어요. 아버님이 돌아가시고 우리는 "마침내 자유, 마침내 자유, 전능하신 하나님 감사합니다. 아버님이 마침내 자유롭게 됐습니다" 하고 마틴 루터 킹 주니어 목사의 말을 그대로 따라 할 수밖에 없었어요.

인내라는 은혜의 선물을 경험한 사람이라면 누구나 어떤 어려운 상황에서도 그 안에 숨겨진 커다란 은총을 발견하게 된다. 그런 은총 중 하나는, 앞서 데트레프가 말한 것처럼 치매에 걸린 사람이 종종 다른 세상에서 살고 그곳으로 옮겨가는 것을 보는 눈이 열리는 것이다.

우리 가족과 가깝게 지내는 레베카는 이것을 직접 경험했다. 레베카의 아버지 딕 도머는 내가 고등학교 다닐 때부터 알고 지낸 분으로 아주 명석한 인물이었다. 정치와 경제, 사회 문제를 꿰뚫고 있었을 뿐만 아니라 유머 감각도 뛰어나서 함께 있으면 왠지 신이 났다. 하지만 그가 알츠하이머에 걸리자 가족의 삶은 완전히 변해버렸다. 레베카는 이렇게 말한다.

처음이 가장 힘들었어요. 사람들이 아버지에게 문제가 있다는 것을 믿으려 하지 않았거든요. 여전히 예리하고 재치가 있으신데다가 사실과 숫자를 어김없이 기억하셨으니까요. 하지만 아버지의 뇌가 점점 퇴화해가는 게 확실했어요. 늘 가까이에 있는 엄마와 제게는 분명하게 보였죠. 결국 아버지는 운전을 그만두고 사무실 일도 정리하셔야 했어요.

저는 아버지가 이 일 때문에 자존심 상해하실까 봐 걱정했지만 오히려 겸허하게 받아들이셨어요. 어머니와 제가 집에서 아버지를 거들 수 있게 하셨고, 뭘 깜박하셔서 알려 드릴 때는 대부분 고마워하셨어요. 성을 내거나 풀이 죽어 지내지 않고, 삶을 만족스럽게 살 새로운 출구를 용케 잘 찾아내셨어요. 재치도 잃지 않으셨고요. 한번은 포장지에 명언이 적혀 있는 초콜릿을 함께 먹는데 제가 고른 초콜릿 포장지에 "정신을 편하게 하라"라고 적혀 있는 거예요. 아버지는 이렇게 맞장구치셨죠. "맞아, 정신이 있는 경우에는!"

아버지는 병이 걸린 뒤에 어머니와 더 많은 시간을 보내셨어요. 나무 그늘에 앉아 책을 읽거나 지나가는 사람과 얘기도 나누시고요. 그때마다 아버지는 파이프 담배를 피우고 어머니는 뜨개질을 하셨죠. 손주들과 놀아주거나 책을 읽어주셨고, 저녁마다 아이들이 늘어놓는 하루의 모험담도 귀담아들으셨어요. 우리 가족은 여름날 저녁이면 늘 모닥불을 피워놓고 둘러앉아 노래를 불렀어요. 부모님은 음악에 조예가 깊으셨는데, 아버지는 〈언덕 위의 집〉같이 오래된 미국 노래를 즐겨 부르셨어요.

우리를 향한 아버지의 사랑도 깊어진 것만 같았어요. 아버지는 한결 부드러워지고, 연민도 쉽게 보여주셨죠. 우리를 더 의지하고 우리가 돕는 걸 고맙게 여기셨어요. 그리고 무엇보다도 지난 세월 오랫동안 당신 삶에 아주 중요했던 분, 예수님을 향한 믿음이 더 깊어지셨어요.

아버지는 차츰 능력을 잃으셨어요. 열렬한 크로켓 선수였던

비록 우리의
정신과 몸이 고장 나고 쇠퇴하더라도
예수님은 우리의 삶을
쓰실 수 있다.

분이 어느 날 갑자기 크로켓 경기가 어떻게 돌아가는지 통 이해를 못 하셨죠. 즐겨 두던 체스도 얼마 안 가서 너무 어려워졌고요. 그래서 낱말 퍼즐 게임인 스크래블로 바꾸고 한동안은 잘하셨어요. 비록 철자 순서를 바꾸거나 글자를 거꾸로 놓긴 했지만요. 한번은 당신이 글자를 거꾸로 늘어놓고 있다는 걸 알아차리고는 눈물을 글썽이며 말씀하셨어요. "아니다. 이것도 더는 못하겠어. 말도 안 돼."

어머니가 돌아가시고 나서 아버지의 병세는 더 나빠졌어요. 의미 있는 일로 시간을 보내시도록 돕는 게 여간 힘든 일이 아니었어요. 아버지와 저는 하루에도 몇 번이고 짧은 산책을 나갔습니다. 아버지는 자연을 사랑하고, 길에서 아이들과 만나는 걸 즐기셨거든요. 때로는 블랙베리 따러 갈 때 모시고 가기도 했어요. 매일 저녁 의자에 나란히 앉아 해가 지는 광경을 바라볼 때면 파이프를 문 채 어머니와 젊은 시절에 삶의 의미를 찾아 헤맸던 영적 탐색에 대해, 그리고 어린 시절에 대해 이야기해주셨어요. 같은 얘기를 백 번쯤은 들었지만 지루하지 않았어요. 함께였으니까요. 아버지는 제가 옆에 앉아서 당신이 들려주는 옛날이야기에 귀를 기울이면 흐뭇해하셨어요. 당신이 감당하지 못하는 것을 강요하는 대신 우리가 아버지를 있는 그대로 받아들일 때 평화를 느끼셨던 것 같아요. 우리도 아버지가 우리를 이해해주길 바라는 대신 아버지의 현실을 받아들이는 법을 배웠고요.

사랑하는 사람이 끝도 없이 곤두박질치는 모습을 매일 보면서도 어떻게 그 속에 있는 기쁨과 은총을 찾을 수 있을까? 혼란과 분노, 심지어 폭력과 씨름하면서 어떻게 긍정적인 면을 볼 수 있을까? 19세기 독일의 목사 요한 크리스토프 블룸하르트는 이렇게 말한다.

시련을 겪을 때는 자기의 승리만 생각할 것이 아니라 세상 전체가 고통을 이기길 바라야 한다. 간질병에 걸린 사람, 눈이 먼 사람, 다리를 저는 사람, 귀가 안 들리는 사람 등 흔히 불치병이라 불리는 병에 걸린 이들이 그렇게 하는 모습을 숱하게 봐왔다. 나는 이런 사람들에게 이렇게 말한다. "이렇게 된 것을 오히려 기뻐하십시오. 그리고 이제 예수님의 죽음과 부활이 당신의 고통 가운데 드러나게 하십시오. 그렇게 하면 세상 모두가 승리를 얻도록 돕는 겁니다."

당신의 영혼이 고통에 시달린 끝에 자신이 얼마나 연약한 존재인지 실감하게 되더라도 두려워하지 마라. 부활하신 예수님이 여러분의 연약함 속에 깊이 스며드실 것이다. 그래서 자신의 건강과 힘을 자랑하며 유쾌하게 인생을 뽐내며 사는 사람들보다 진정 더 살아 있는 사람으로 만드실 것이다. 만약 여러분이 병에 걸리게 된다면, 특별히 인간의 힘으로는 고칠 수 없는 병을 앓게 된다면 조용히 멈춰서 가만히 생각하라. 죽으셨다가 다시 살아나신 예수님을 기억하라.

예수님은 어떤 어려운 일에도 답을 주신다. 하나님은 모든 사람이 어떤 고통을 마음에 품고 있는지 아신다. 정작 우리 자신은 모르더라도 말이다. 비록 우리의 정신과 몸이 고장 나고 쇠퇴하더라도 예수님은 우리의 삶을 쓰실 수 있다.

7

얼마나 오래 사느냐보다
어떻게 나이 드느냐가
중요하다

|

Rich in Years

시간을 재는 진정한 잣대는
시간의 길이가 아니라
이 땅에 사는 최고의 목적에 따라 사는 것,
즉 이웃을 사랑하는 것이다.

가만히 앉아서 천천히 시들어가느니 차라리 끝까지 싸우겠노라고 다짐하는 노인이 주변에 많이 있을 것이다. 아주 훌륭한 자세다. 신문을 읽다 보면 간혹 "백한 살의 마라톤 선수" 같은 제목의 기사를 보기도 한다. 하지만 제아무리 이를 악물어도 어쩔 도리 없이 몸이 약해질 때는 어떻게 해야 할까? 1960년대에 미국 시민운동가로 활동했고 나도 함께 행진을 한 적이 있는 마틴 루터 킹 주니어는 지지자들에게 용기를 주기 위해 이렇게 말했다. "날 수 없다면 달리십시오. 달릴 수 없다면 걸으세요. 걸을 힘조차 없다면 기어서라도 계속 앞으로 나아가십시오."

캐롤 닐은 이 말을 행동으로 옮긴 사람이다. 심각한 말기 암에 걸리고도 오뚝이처럼 일어나 모두를 놀라게 했다. 여린 마음을 지녔던 캐롤은 두려움에 떨기도 했지만, 코앞에 닥친

전투에 쓸 적당한 무기를 소유한 사람이 가지고 있는 그런 확신이 있었다.

솔직히 말할게요. '그때'가 오더라도 제발 "천국을 떠다니며…" 하는 식의 찬송가는 부르지 않았으면 좋겠어요. 그런 생각만 해도 벌써 무덤으로 내려가는 것만 같으니까요. 물론 그런 노래에 깊은 의미가 있다는 건 압니다. 하지만 그런 노래를 들으면 인생에서 제일 우울했던 순간이 떠올라요. 꼭 그럴 필요 없다는 걸 알지만 어쩔 도리가 없습니다. 전 에너지가 필요해요. 삶을 위해 싸울 힘이 필요합니다. 저는 이 힘을 복음서에서 얻어요.

매일 아침 복음서를 읽으면서 하루를 시작합니다. 말씀을 읽을 때마다 예수님이, 세상에 가장 급진적이고 혁명적으로 '삶'을 사랑하신 그분이 내 생각을 완전히 날려버립니다. 연약하고 죄에 억눌린 사람들에게는 상상할 수 없을 정도로 깊은 연민을 보이면서도, 강하고 힘 있는 사람들에게는 불같이 호통을 치셨잖아요. 물론 모두를 똑같이 사랑하셨죠. 자신의 아버지이며 우리의 아버지이신 하나님을 향한 깊은 존경심은 어떻고요. 하지만 예수님은 경건한 척은 하지 않았습니다. 예수님은 뭘 하든 푹 빠져서 재미있게 했을 게 뻔해요.

좀 이상하다고 생각할지 모르지만 병마와 싸우는 이 싸움은 마치 모험과도 같습니다. 내 삶의 가장 큰 모험이고, 무시무시한 존재와 싸우는 모험입니다. 전 처음부터 이 병이 나를 억누르게 그냥 내버려두지 않겠다고 마음먹었습니다. 고통이라는 말도 듣고 싶지 않았고, 죽어간다는 게 뭔지도 알고 싶지 않았어요. 천국이나 천사 같은 것에 대해 읽고 싶지도 않았고요.

하지만 복음서를 읽으면서 예수님이 어떤 분인지 분명한 그림이 그려졌어요. 그분 '안에' 생명이 있어요. 예수님은 모든 악과 싸우고 모두를 사랑하셨어요. 주저하지 않고 깊은 연민을 보이셨고, 아주 솔직하고 분명하게 도전하셨어요. 제가 그분처럼 똑같이 할 수 있다고 장담하는 것은 아닙니다. 하지만 그렇게 살고 싶어요. 저도 예수님처럼 그런 뜨거운 마음을 가지고 살고 싶습니다.

캐롤처럼 의연한 태도를 갖는 것은 바람직한 일이다. 하지만 무조건 홀로 서겠다고 고집한다고 행복해지는 것은 아니다. 죽음을 마주한 사람이 온 힘을 다해 독립만 고집해서 오히려 자신과 주변 사람을 힘들게 하는 경우도 있다. 어떤 사람은 나이 드는 현실을 받아들이지 못해서 삶 자체를 감당하지 못하기도 한다. 아마도 나이에 진다는 건 그냥 앉아서 당하는 패배라고 생각하기 때문인지 모른다. 하지만 '내려놓기'와 '포기하기'는 완전히 다르다.

영국의 시인 윌리엄 블레이크는 〈영원〉이라는 시에서 모두가 아는 인생의 풍요에만 매달리는 것은 아름다운 나비를 너무 가까이에서 감상한 나머지 결국 날개를 부수고 마는 것과 같다고 말한다.

자기만의 기쁨에만 매달리는 이는
그 날개 달린 생명을 해치지만
날아가는 기쁨에 입 맞추는 이는
영원의 일출 속에 살아가리

블레이크가 말한 대로 뭔가 하나님께 속한 것을 움켜잡으려고 하면 오히려 그것을 해칠 위험이 있다. 누구나 자기가 늘 살아왔던 대로 계속 살고 싶어 한다. 그게 익숙하고, 편하고, 대개는 아름답기 때문이다. 하지만 그렇게 하면 오히려 하나님이 바라시는 대로 인생을 깊이 경험하지 못할 수 있다. 나의 누나 로즈빗 메이슨도 비슷한 유혹과 싸웠지만 유혹을 이기기가 쉽지 않았다. 누나는 열 살 된 딸을 골육종으로 잃었다. 그로부터 20여 년 뒤에는 자신이 암에 걸린 것을 알게 되었고, 이어 몇 주 뒤에는 남편 데이브가 암 진단을 받았다. 그리고 여섯 달 만에 매형이 먼저 세상을 떠났다. 누나는 이렇게 말한다.

보통 젊었을 때는 죽음의 가능성에 대해 생각 안 하지. 적어도 나는 안 했어. 그저 삶의 에너지가 충만해서 미래만 생각했지. 하지만 암에 걸리고 나니, 언젠가는 죽어야 할 우리의 운명을 새삼 깨닫게 되었어. 다른 사람에게 순종해야 했고, 이제 예전 만큼 신체 능력이 없다는 걸 인정해야 했어. 그러면서 겸손에 대해 많이 배웠다.

데이브가 떠나고 몇 년을 병에 맞서 싸웠어. 내가 포기를 잘 모르잖아. 그때마다 내려놓는 걸 배워야만 했지. 나는 원래 자립을 좋아하는 사람이었어. 할 일을 알아서 하고 집안일도 모두 혼자 감당했지. 하지만 데이브가 떠나고 병이 날 덮친 뒤로는 혼자서 잘하던 일도 그냥 다른 사람이 하게 놔두는 법을 배우게 되었어.

오랫동안 중학교 교사로 일하면서 교실 안팎을 오가며 아이들하고 지내는 게 재미있었는데 어느 날부턴가 갑자기 그럴 기력이 없어졌어. 난 언제까지고 내가 좋아하는 일들, 역사를 가르치고 뜨개질을 하고 정원을 가꾸면서 씩씩하게 지낼 수 있을 거라고 생각했는데 그게 아니더라. 이제는 조연 역할을 해야 한다는 걸 인정해야만 해. 자꾸자꾸 내려놔야 하고, 주위에 있는 사람에게 내가 뭔가 기여를 해야만 가치 있는 사람이 된다는 생각은 접어야 해.

그런데 신기하게도 이제는 쉬워졌어! 큰 문제도 아니야. 살아오면서 난 좋은 기회를 많이 가졌으니까, 이제는 젊은 사람들에게 기회를 줘야지. 내가 꼭 다 해야 하는 건 아니니까. 세상은 나 없이도 잘 돌아갈 거야. 내가 할 일은 하나님의 뜻에 순종하고, 날 사랑하고 돌보는 사람들에게도 순종하는 거야.

사람들이 순종하기 힘들어하는 이유를 이해할 수 있을 거 같아. 나도 그랬으니까. 하지만 감사할 일이 얼마나 많은데. 시련을 겪기도 하고 실수도 많이 했지만, 그래도 축복받은 삶을 살았잖아. 무엇보다 나를 끔찍이 사랑하는 가족과 사람들에게 둘러싸여 사는 기쁨을 누리고 있으니 말이야.

처음 암에 걸리고 나서 2년 후에 유방암이 재발했지. 거기다 폐렴을 몇 차례 앓기도 했고. 약을 엄청나게 먹어서 점점 더 독한 약을 써야만 했어. 결국 모든 걸 멈추고 이렇게 묻게 되더구나. "지금 어디로 가는 거지? 이 모든 일에 하나님의 뜻은 어디에 있는 거지?"

이 문제를 놓고 기도하고, 아이들과 의논하고, 내가 신뢰하는 사람들과 얘기를 나눈 끝에 내 삶을 하나님께 맡기기로 마음먹었어. 암으로 인한 통증에 도움이 되는 약은 계속 먹지만, 폐렴을 누그러뜨리는 약물 치료는 그만두기로 했어. 대신 내가 이 시간을 '통과'하길 애타게 바라는 사람들의 기도와 도움에 의지하기로 한 거야. '통과'한다는 게 정확히 뭔지는 잘 모르겠지만.

쉬운 결정은 아니었어. 자꾸만 약을 더 먹는 것에 '아니'라고 말하는 것과 단순히 '포기'하는 것 사이에 균형을 잡고 싶었고. 다시 폐렴에 걸리기라도 하면 약해진 내 몸이 더는 싸울 힘이 없다는 걸 아니까. 놀라운 건 그런 결정을 내리고 나서 폐렴에 몇 번 걸렸는데도 하나님이 '통과'하게 도우셨다는 거야. 난 아직 여기 있잖아. 정말이지 아직 포기하지 않았어.

그때마다 이렇게 물으면서 마음의 평화를 위해 싸워야만 했어. "이게 마지막이라면 나는 준비가 되어 있을까?" 이제는 하나님이 날 위해 어떤 생각을 하고 계시든 받아들일 준비가 됐어. 마음의 평화를 얻은 뒤로 모든 일은 하나님의 때에 일어난다는 걸 알게 됐거든. 그리고 예수님께서 하신 대로 기도하는 거야. "그러나 나의 원대로 마시옵고 아버지의 원대로 하옵소서"(마 26:39).

대다수의 사람들이 자신을 내려놓기 싫어한다. 하지만 예수님은 이렇게 말씀하셨다. "누구든지 제 목숨을 구원하고자 하면 잃을 것이요. 누구든지 나를 위하여 제 목숨을 잃으면 찾으리라"(마 16:25). 내려놓는다는 것은 나의 삶을 하나님의 손에 맡기고 그분이 바라시는 대로 산다는 뜻이다. 그래서 하나님이 계속 갈 힘을 주시면, 그때에는 가진 모든 걸 쏟아부어야 한다. 삶이 전적으로 나의 노력에 달려 있는 것이 아니라는 사실을 알게 되면, 우리는 마음의 평화를 얻고 하나님이 다른 계획을 가지고 계시다는 사실을 받아들이게 된다. 나의 누나가 그랬던 것처럼 말이다.

과거의 아쉬웠던 일을 포함해 자기 의지를 모두 내려놓고, 이제껏 저지른 실패와 실수까지도 하나님 손에 넘겨드리면, 남은 인생을 그분의 뜻을 실천하며 살 수 있다. 그러면 삶이 보람 있고 의미가 있을 뿐만 아니라, 불안이나 염려가 아닌 감사와 기쁨으로 가득 차게 된다. 헨리 나우웬은 이렇게 말했다.

여러분은 여전히 죽음을 두려워합니다. 하나님이 여러분을 하나님의 백성으로 받아주지 않으실지 모른다는, 말 못할 걱정 때문에 두렵습니까? "왜 내가 죽어야 하지?"라고 묻는 건 바로 그런 두려움과 연결되어 있습니다. 어렸을 때부터 지금까지 줄곧 던지는 질문이지요. 그러나 하나님은 여러분이 모태에서 만들어지는 그 순간에 이미 여러분을 부르셨습니다(시 139편). 이 사랑을 받아들이는 것도 다시 돌려드리는 것도 모두 여러분의 소명입니다. 모든 인간이 그러하듯이 여러분은 맨 처음부터 죽음의 힘을 경험했습니다. 자라는 동안 이 힘은 육체적으로는 노화나 병으로, 내적으로는 유혹이나 죄로 계속 공격해왔고, 그 공격은 앞으로도 멈추지 않을 겁니다. 여러분은 종종 감당하지 못하는 순간이 찾아올 때도 계속 믿음을 지켰지요. 그걸 잊지 마세요. 그리고 어둠은 끝까지 여러분을 옭아맬 힘이 없다는 사실을 기억하십시오.

여기에 비밀이 있다. 믿음을 지키고 굳게 붙잡는 것이다. 그러면 얼마나 오래 사는지는 그리 중요하지 않다는 것을 알게 된다. 하나님이 중요하게 보시는 것은 우리가 하나님을 섬기고 끝까지 신뢰하는 것이다. 시간을 재는 진정한 잣대는 시간의 길이가 아니라 이 땅에 사는 최고의 목적에 따라 사는 것, 즉 이웃을 사랑하는 것이기 때문이다.

뉴욕 주 킹스턴 시에 살던 허버트 로저스라는 거리의 목사가 있었다. 나는 그가 죽기 얼마 전에야 처음 만났는데, 허버트 목사는 '얼마나 오래' 사느냐보다 '어떻게' 나이 드느냐가 훨씬 중요하다는 사실을 몸소 보여준 사람이다. "얼마나 긴 세월을 사는가가 중요한 것이 아니라 그 세월 동안 어떤 삶을 사는가가 중요하다"라는 말처럼 말이다. 친구들은 그를 허비라고 정겹게 불렀는데, 허비는 쉰 살에 세상을 떠났지만 우리가 세상을 더 오래 살아도 못할 일을 해냈다.

장례식이 있던 날 사람들은 허비를 형제, 남편, 아버지로만 기억한 것이 아니라 목사이자 평화의 중재자, 친구, 그리고 그의 가족들조차 몰랐던 사람들의 대변자로 기억했다. 허비를 수백 번 체포했던 지역 경찰과 검사까지 장례식장에 찾아와 존경을 표했다. 몇 년 동안의 수감 생활 끝에 마약과 총을 내던지고 다른 이를 섬기는 아주 현실적인 목회에 뛰어들었기 때문이다. 구원의 기쁨을 충만히 누리던 허비는 다른 사람도 자기처럼 구원받고 삶을 회복할 수 있다고 자신 있게 말했다.

허비는 자기 말에 귀 기울이는 사람들에게 어김없이 누가 자신의 인생을 변화시켰는지 말해주었다. 1995년쯤이었다. 허비는 감옥 바닥에 무릎을 꿇고 기도하면서 자기 삶에 찾아와 달라고 예수님께 부르짖었다. "제가 당신에 대해 들은 말이 모두 사실이라면, 제 삶에 찾아와 저를 바꿔주세요!" 그 뒤로 허비는 오직 한 길로만 갔다. 그는 삶에 지친 매춘부든, 손을 벌벌 떠는 마약 중독자든, 제아무리 하나님을 멀리 떠났다 싶은 사람이라도 하나님이 고치지 못할 영혼은 없다고 믿었다. 허비는 이 새로운 생명의 메시지를 들고 사람들이 꺼리는 곳으로 갔다. 자기 지방에 있는 감옥이나 주 교도소, 병원과 노숙자 쉼터, 쓰레기 처리장과 뒷골목을 훑고 다녔다.

나이 쉰이 되던 해에 허비는 덜컥 암 말기 진단을 받았다. 사실 그의 반응은 모두가 예상했던 대로였다. 통증에 시달리고 가족의 장래를 걱정하며 밤잠을 설치면서도 허비는 인생의 마지막 시간을 병상에 가만히 누워 보내지는 않겠다고 다짐했다. 울기도 하고 화가 나기도 했지만, 허비는 자신이 하나님이 계신 본향 집으로 가고 있음을 한순간도 의심하지 않았다. 이런 고집스러운 믿음 덕택에 허비는 끝까지 포기하지 않고 앞으로 나아갈 힘을 얻었다. 병상에 누워 있던 허비는 어느 날 이렇게 말했다. "이건 나하고는 아무 상관이 없는 거야. 하나님의 일을 완수하는 차원의 문제라고."

허비가 살았던 삶은 죄에서 돌이켜 변화되는 것도, 나누고 베풀며 봉사하는 일도 언제 시작하든 늦지 않다는 것을 보여준다. 포도원의 비유를 보면 한 시간만 와서 일한 사람도 온종일 일한 사람만큼 품삯을 받지 않았던가(마 20:1-16). 예수님의 눈에는 얼마나 오래 헌신했는지가 아니라 헌신 자체가 중요하다. 시간에 상관없이 언제나 섬길 기회는 있고, 병들고 연약한 사람도 누구나 섬길 수 있다.

과거의 아쉬웠던 일을 포함해
자기 의지를 모두 내려놓고,
이제껏 저지른 실패와 실수까지도
하나님 손에 넘겨 드리면,
남은 인생을 그분의 뜻을
실천하며 살 수 있다.

8

용서하고 용서받아야
평화롭게 떠날 수 있다

|

Rich in Years

고백은 가장 어렵고 가장 놀라운 일이다.
고백하면 두려움에 사로잡힌
마음이 해방되고 예수님을 향한 사랑으로
가득 채워진다.

살다 보면 이 땅에 머무를 시간이 얼마 남지 않았다는 것을 느끼는 때가 온다. 누구나 평화롭게 죽기를 바라지만, 어떻게 그런 평화를 찾을지 막막해한다. 진정한 평화를 얻으려면 노력이 필요하다. 때로 오래된 상처나 과거의 원한이 무의식 가운데 남아 사람과 사람 사이를 갈라놓는다. 그때 "긁어 부스럼 만들지 말라"는 속담대로 그냥 덮어둘지 힘들더라도 똑바로 맞설지는 우리가 선택해야 한다. 전자를 선택하는 것이 훨씬 쉽겠지만, 힘들더라도 후자를 선택한 사람이 미래를 더 잘 준비할수 있다. 그런 사람은 과거의 짐에 더는 짓눌릴 일이 없기 때문이다. 많은 사람이 이런 평화를 맛보지 못하고 괴로워하며 여생을 보내는 것을 보면 안타깝다. 정말 좋은 사람들인데 용서하지 못해서 삶을 그르치고 만다.

노년이야말로 잘못된 것들을 바로잡을 좋은 기회다. 물론 그러기 위해서는 겸손과 용서가 필요하다. 예수님은 다른 사람을 "일곱 번뿐 아니라 일곱 번을 일흔 번까지라도" 용서하라고 말씀하신다(마 18:22). 또한 나의 잘못을 용서받을 수 있게 다른 사람도 용서하라고 촉구하신다(마 6:14). 사람들이 제일 힘들어하는 일이 자기 자신을 용서하는 일이다. 하지만 용서는 헤아리지 못할 만큼 어마어마한 보상을 준다. 다시 사람 사는 것처럼 살게 되고, 다른 사람이 겪는 어려움에 눈을 뜨게 되기 때문이다.

용서는 평생에 걸쳐 해야 하는 일이다. 살아온 인생을 정리할 시기에 용서만큼 중요한 일도 없다. 자신의 죄를 용서받았다는 확신이 있고, 자기에게 상처 준 사람을 용서한 사람은, 인생을 정리할 때 겪는 정신적 고뇌에서 훨씬 자유롭다. 참을 수 없는 육신의 고통으로 견디기 힘든 순간에도 예수님이 주신 평안을 경험한다. 우리가 상상하는 평화와는 완전히 다른 평화다. "평안을 너희에게 끼치노니 곧 나의 평안을 너희에게 주노라. 내가 너희에게 주는 것은 세상이 주는 것과 같지 아니하니라"(요 14:27). 우리는 이렇게 얻은 평화를 다시 다른 이와 나눌 수 있다.

이웃에 살던 레이첼(가명)이라는 유대인 여성이 암에 걸려 세상을 떠났다. 일흔 살의 레이첼은 여러 해 동안 가정 및 결혼

상담가로 일했다. 사람들이 찾아와 문제를 털어놓으면 귀를 기울이고 조언하면서 많은 이들이 화해하도록 돕는 것이 그녀의 일이었다. 하지만 레이첼은 다른 사람들에게 주려고 했던 그 평화를 정작 자신은 누리지 못하고 있음을 깨달았다. 그러다가 암에 걸렸다. 암이 온몸에 퍼지고 죽음이 가까워오자 레이첼은 실타래처럼 엉킨 문제를 풀지 않아 마음이 불편한 채로 외롭게 죽고 싶지 않다는 생각이 간절했다. 특별히 여러 해 동안 말도 안 하고 살던 오빠를 용서하고 싶었다. 레이첼은 내게 이런 말도 했다. "저는 어머니도 용서해야 해요. 제가 많은 기회를 얻었던 것에 대해 질투하셨거든요. 어머니는 삶이 송두리째 흔들릴 만한 일을 세 차례나 겪고, 자신의 계획을 수도 없이 포기해야 했어요. 그런 세월의 굴곡을 겪어내신 걸 보면 어머니는 참 용감한 분이셨던 거죠."

우리 교회의 식구들은 레이첼의 마지막 시간을 곁에서 지키고 돌보기로 했다. 나와 아내도 그녀를 자주 찾아갔는데 나를 '랍비장'이라고 부르지 뭔가. 난 유대인도 아닌데, 오히려 부끄러웠다. 함께 둘러앉아 있다가 레이첼이 자신의 이야기를 쏟아냈다. 가장 힘들었던 순간과 자살 충동에 시달렸던 일을 모두 털어놓았다.

어느 날 저녁, 레이첼은 마치 기도를 하고 싶다는 듯 갑자기 두 손을 들었다. 그러고는 아주 조용히 속삭였다. "감사 기도를 드리고 싶네요. 아무래도 저 오늘 죽을 것 같죠? 그럴 것 같아요. 외롭게 죽지 않게 해달라고 기도했는데 정말 기도가 응답됐어요."

레이첼이 세상을 떠나기 며칠 전 오빠가 찾아와 두 사람은 정말 쉽게 서로 용서를 구했다. 그날 이후 레이첼은 모든 걸 내려놓을 수 있게 되었다. 평화를 찾은 것이다.

레이첼이나 다른 사람이 경험한 일을 보면 우리가 정말로 원하는 것은 죄를 용서받았음을 확인하는 것이다. 그러면 창조자 앞에 서는 그 순간을 두려워할 이유가 없다.

내가 상처 입힌 사람과 화해하지 못하고, 내게 상처 줬던 사람을 용서하지 않은 채 이 세상을 떠나는 일은 여간 힘든 것이 아니다. 내 사촌인 벤 줌퍼도 이 숙제를 붙들고 치열한 씨름을 해야 했다. 벤은 어떤 것에도 굴하지 않는 낙천주의자였다. 삶을 향한 사랑과 열정이 가득한 사람이었다. 암 말기 선고를 받았을 때도 몇 달 안에 죽는다는 사실마저 담담히 받아들였다. 그런 그에게도 마음에 걸리는 것이 하나 있었다. 이제는 장성해서 독립한 아들들과 소원하게 지내는 것이 마음을 무겁게 누르고 있었던 것이다. 몇 년 전에 서로 갈등을 겪다 갈라선 뒤 관계를 되돌리려고 애썼지만 아무 소용이 없었다. 벤이 말했다. "내가 정말 보고 싶지 않은 건, 내가 죽은 뒤에 아들 녀석들이 아버지가 자기들에게 원한을 품었다고 생각하는 거야. 이건 분명히 하고 싶어. 부모는 너희를 사랑하고, 여전히 늘 기도하고 있다고 말이야."

그래서 벤은 아들들에게 편지를 썼다. 쉽지 않은 일이어서 편지를 다 쓰기까지 몇 번을 주저했다. 하지만 한편으로 자신이 실수했다는 것을 알기에 꼭 평화를 이루고 싶었고, 또 아이들을 사랑하기에 그만큼 솔직해야 한다고 생각했다. 그는 결국 이런 편지를 썼다.

정말 사랑하는 내 아이들에게,

암에 걸려 병상에서 죽어가면서 너희 한 명 한 명에게 깊은 사랑을 담아 이 편지를 쓴다. 하나님이 언제 나를 데려가실지, 내게 몇 달, 몇 주, 아니 며칠이 남았는지 모르겠구나. 그래서 더욱 너희가 마음에 걸리고, 너희가 예수님을 찾길 간절히 바라게 된다. 그분은 새로운 복음을 이 땅에 전하려고 오시지 않았니? 그러니 모든 사람이 그분을 통해 구원받고 새로운 삶과 영원한 생명을 얻을 수 있는 거란다. 하지만 예수님을 따른다는 말은 선과 악, 빛과 어둠, 하나님과 사탄 사이의 전투에 뛰어드는 것을 의미하지.

사랑하는 나의 아이들아, 첫줄에 쓴 대로 아비는 지금 죽어가고 있단다. 너희를 위해 기도한다고, 너희를 사랑한다고, 꼭 말해주고 싶구나. 너희가 대학 다닐 때, 너희 얼굴 한번 보려고 내가 애썼던 일을 기억하고 있니? 지금도 직접 만나 얼굴을 맞대고 이야기할 수 있으면 좋으련만 그럴 수 없으니 마음이 아프다. 언제라도 나를 찾아오라고 너희 한 명 한 명을 초대했었지. 그 초대는 아직도 유효해. 서로 용서를 구하기에 아직 너무 늦은 건 아니야. 하나님께로 돌아가거라. 생명으로 나아가야 한다. 선하신 성령님을 따라 사는 게 중요해.

아무튼 내 진심을 담아 이 편지를 쓴다는 걸 알아주길 바란다. 너희를 판단하고 싶지도 않고 어떤 부담도 주고 싶지 않은 게 솔직한 심정이야. 예수님도 자발적으로 따르는 사람을 원하셨지 당신이 두려워서 따르겠다는 사람을 바라신 게 아니잖아. 우리 모두 언젠가는 우리를 창조하신 그분을 만나게 되지 않겠니? 그런 바람으로 이 편지를 쓴다.

벤은 마음을 졸이며 이 편지를 보냈다. 그런데 놀랍게도 아들 모두가 따뜻한 답을 보내왔다. 그리고 몇 달에 걸쳐 한 명 한 명 그를 찾아와 평화를 이루었다. 아들은 아버지에게 용서를 구했고, 아버지는 아들에게 용서를 구했다.

나는 매일 저녁 벤을 찾아갔다. 우리는 함께 자랐고 아주 가까운 사이였다. 인생의 마지막 때에 우리가 할 수 있는 일은 많지 않았다. 벤이 자녀들과 화해하게 된 것을 하나님께 감사하며 우리는 함께 다과를 나누며 많이 웃고 울었다.

벤의 죽음은 내가 경험한 일 중에 가장 힘든 일이었다. 죽음이 가까워오자 그의 몸은 잦은 경련으로 뒤틀렸다. 비록 말은 하지 못했지만, 물을 적신 수건으로 눈가를 닦아줄 때마다 그는 눈빛으로 말했다. 몸은 너무도 고통스럽지만 하나님이 가까이 계시다는 믿음을 붙들고 있는 것이 분명했다. 아들과 경험한 용서도 중요했지만, 하나님이 예수님의 희생으로 우리에게 주신 용서가 얼마나 값진 것인지 벤은 알고 있었다. 세상을 떠나기 몇 주 전 벤은 이렇게 말했다.

예수님이 아니었다면, 나를 위해 십자가에서 고통당하고 돌아가신 그분이 없었다면, 난 죽음을 바라보지도 못했을 거야. 나를 위해 골고다에서 모진 고통을 당하시고 하나님께 버림받기까지 하셨잖아. 예수님이 겪으신 고통은 내가 겪은 고통의 몇천 배는 됐을 거야. 세상의 모든 마귀가 예수님께 달려들어 쓰러뜨리고 공격을 했으니까. 하지만 예수님은 삼 일 만에 다시 사셨지. 난 부활을 믿어. 죄의 용서를 믿어.

벤의 이야기는 마음을 감동시킨다. 하지만 죽어가는 사람이 이혼했거나 가족과 별거 중이라면 어떻게 할까? 가족이 흩어지고, 부모가 자식에게 버림받고, 관계가 완전히 파탄이 난 경우라면? 화해가 영 불가능한 것 같은 이런 상황에도 여전히 평화를 찾을 수 있을까? 나는 가능하다고 믿는다. 그리고 여전히 용서에서 시작해야 한다고 생각한다. 죽음을 앞둔 사람은 다른 이를 용서해야 할 뿐 아니라 자신도 용서를 받아야 한다. 그래야 평화롭게 떠날 수 있다.

찰스 윌리엄스는 작은 마을의 경찰서장이었다. 나와 오랫동안 알고 지낸 사이인데 요즘은 함께 학교를 찾아가 학생들에게 비폭력과 용서를 소개하고, 이것이 어떻게 사람들 사이의 수많은 문제를 해결하는지 이야기한다.

찰스가 처음부터 용서를 믿었던 것은 아니다. 사실 찰스가 용서에 대해 들은 것도 내가 한 고등학교에서 강연할 때 그곳에서 근무하고 있었기 때문이다. 그 뒤로 천천히 찰스의 마음속에서 용서가 자라났고, 이제는 거의 매주 자신의 경험을 남에게 들려준다. 듣는 사람의 삶이 변하기를 바라면서 말이다.

찰스는 알코올 중독 가정에서 자랐다. 찰스의 어머니는 가끔 술을 마신 게 아니라 술 마시는 걸 업으로 삼았다. 찰스는 부모님이 눈앞에서 싸우는 걸 보면서 정신적으로 깊은 상처를 받았다. 그의 기억에 가장 뚜렷이 남은 모습은 어머니가 외투를 꽉 움켜잡던 아버지를 간신히 뿌리치고 집 밖으로 뛰쳐나가며 "정말 지긋지긋해. 벗어나고 싶어!" 하고 소리치던 모습이다. 찰스는 식탁에 앉아 눈물을 흘리면서도 '착한 아이' 노릇을 하려고 저녁밥을 꾸역꾸역 먹던 일을 지금도 기억한다. 그런 상황은 거의 매일 되풀이되었다. 그런 일이 있던 다음 날 아침, 아래층에 내려가 보면 엄마는 소파에 축 늘어져 있고 바닥에 깔린 카펫에는 담뱃불에 탄 자국이 남아 있었다. 그때마다 찰스는 집에 불이 붙을까 봐 마음이 조마조마했다.

되돌아보면 찰스는 30년 동안이나 어머니를 향한 쓰디쓴 분노를 품고 살았다. 그 분노는 찰스의 삶 깊숙이 파고들었고 아주 잘못된 선택을 하도록 부추겼다. 절망에 빠져 살던 찰스는 경찰학교 졸업식 날 총을 받았을 때 강한 자살 충동을 느끼기도 했다.

찰스와 나는 용서의 힘에 대해 대화를 나눴다. 그 뒤에 찰스는 어린 시절 살던 집으로 어머니를 찾아갔다. 다시 떠올리고 싶지 않은 기억이 가득한 그 집의 탁자 끝에 앉아 찰스는 어머니를 용서했다. "마치 오랜 세월 등에 메고 다니던 묵직하고 커다란 배낭이 어깨에서 스르르 흘러내리는 것만 같았어요. 그 순간 어머니는 어렸을 때 기억하던 불을 뿜는 용이 아니라 늙어 기운이 없고 병든 여자의 모습으로 그곳에 앉아 계셨어요. 내가 이제껏 가져본 적이 없는 어머니로 되돌아가셨어요."

몇 년 뒤 찰스는 병원에서 죽어가는 어머니 곁에서 눈물을 흘리며 말했다. "사랑해요. 이미 다 용서했어요, 어머니." 그의 어머니는 비록 움직이지 못했지만, 아들의 손에 손을 포개고 어머니의 사랑으로 찰스를 위로했다.

찰스는 내게 이렇게 말했다. "만약 끝까지 어머니를 용서하지 못했다면 그런 순간은 오지 않았을 거예요. 옳은 일은 언제 해도 늦지 않아요. 나처럼 분노와 증오를 품고 살면서 긴 세월을 낭비할 필요가 없어요. 양심이 내는 나직한 소리에 귀를 기울이고, 설사 절대 하기 싫은 것이 용서라고 해도 꼭 용서해야만 해요."

다른 이를 섬기며 산 사람은 죽음마저 평화롭게 맞이한다. 《까라마조프 씨네 형제들》에서 도스토옙스키는 한 나이 든 여자의 이야기를 들려준다. 이 노인은 죽음을 너무나 두려워한 나머지 고통과 공포, 두려움 속에서 살았다. 그리고 조시마 장로에게 죽음 뒤에 삶이 있다는 확신을 달라고 애원한다. 조시마 장로는 오직 사랑에서 오는 확신으로 이렇게 대답한다.

이웃을 실천적으로 끊임없이 사랑하려고 노력하십시오. 그 사랑이 성공을 거두면 신의 존재도, 자기 영혼의 불멸도 확신하게 될 것입니다. 이웃에 대한 사랑이 완벽한 자기희생에까지 이르게 되면, 그때는 틀림없이 확신을 얻게 되고, 어떤 의혹도 당신의 영혼에 찾아 들지 못하게 됩니다. 이것은 경험을 거친 분명한 사실입니다.

평화를 찾는 일에 중요한 요소가 바로 고백이다. 고백은 가장 어려운 일 중의 하나지만 가장 놀라운 일이기도 하다. 고백하면 두려움에 사로잡힌 마음이 해방되고 예수님과 다른 사람을 향한 사랑으로 가득 채워진다. 고백은 꼭 천주교인만을 위한 것이 아니다. 신뢰하는 목회자나 친구, 아니면 배우자에게 자신의 속마음을 얼마든지 고백할 수 있다. 아니면 어른이 된 자녀 중에 모든 걸 털어놓고 얘기할 수 있는 자녀를 찾으면 된다. 우리가 저지른 잘못이나 죄를 털어놓고 실수를 인정하면 그 짐은 더는 우리를 짓누르지 못하고 과거가 된다. 물론 고백을 나이가 들 때까지 미룰 이유도 없다. 고백이 주는 은총은 언제라도 경험할 수 있으니까 말이다.

나는 죄의 고백과 용서를 통해 얻게 되는 평화를 우리 교회 공동체의 장로인 리처드 스캇과 함께 일하며 경험했다. 사실 리처드와 함께 죽어가는 사람을 보살폈던 내가 리처드를 위해 똑같은 일을 하게 될 것이라고는 생각지도 못했다. 리처드는 예순하나밖에 되지 않은 나이에 말기 암 진단을 받았다. 리처드와 아내 캐시에게는 딸린 식구도 많았고, 교회에서는 막중한 책임도 지고 있는 터였다. 수술을 받았지만 암 진단을 받은 지 아홉 달 만에 리처드는 우리 곁을 떠났다.

리처드는 자기가 나이 들었다고 생각한 적이 없었다. 그리고 그가 세상에서 보낸 마지막 날들은 모든 이에게 도전을 주었다. 리처드는 사람을 만날 때마다 쉬지 않고 이웃과 그리스도를 섬기는 삶을 살라고 호소했다. 리처드도 성자가 아니었기에 목사에게 마음의 짐을 털어놓았고, 교회 식구들을 찾아가 서로 품었던 오해를 풀고 용서한 끝에 깊은 평화를 얻었다.

그러던 어느 날 리처드는 의학의 도움을 그만 받기로 했다. 처음에는 쉽지 않았지만 이 결정은 마지막 남은 몇 달 동안 리처드와 캐시에게 깊은 평화를 안겨주었다.

얼마나 오래 사느냐는 중요하지 않아요. 남은 시간을 어떻게 쓰는지가 중요하지요. 지금 결정한 대로 하나님의 손에 모든 것을 맡기고 나면 결국 복음은 살아 있는 진짜가 될 거라고 믿어요. 제가 겪는 상황이 오히려 저를 하나님께 향하게 했고, 그분을 온전히 신뢰하는 것이 무엇인지 깊이 생각하게 만들었어요. 제가 알지도 못하는 수많은 사람이 저를 위해 기도한다는 사실에 숙연해집니다. 사람들이 서로를 아끼고 돌본다는 사실이 큰 위로를 줍니다. 다른 무엇보다도 그게 가장 큰 도움이 돼요.

정의롭지 못한 재판관의 비유에서 예수님은 포기하지 말고 계속 싸워야 한다는 걸 보여주시지요. 과부는 재판관을 찾아가고 다시 찾아가기를 반복했어요. 결국 재판관은 과부에게 질려 청을 받아들이잖아요(눅 18:1-5). 물론 하나님이 우리에게 질려서 응답하시지는 않지요. 우리를 사랑하시고 우리가

용서하고 용서받아야 평화롭게 떠날 수 있다

노력하기를 바라시기 때문이죠. 그냥 주시는 게 아니라 때로는 우리가 정말 그걸 원하는지 알고 싶으신 겁니다.

더 오래 살게 해달라고 기도하고 싶지는 않아요. 제 삶이 그렇게 대단히 의미 있는 것도 아니고 중요하지도 않다는 게 요즘 분명해졌어요. 제가 오래 사는 것이 하나님의 뜻이라면 물론 그렇게 되겠지요. 하나님이 원치 않으시면 이대로 데려가실 겁니다. 정말 위대한 선물은 우리가 서로에게 용기를 북돋아줄 수 있다는 사실입니다. 슬픔과 절망에 빠져 버둥거리는 대신 서로 힘을 주는 거예요. 남은 시간을 사람들에게 하나님 나라를 보여주는 일에 쓰고 싶어요.

모든 이의 가슴 속에는 저마다 평화를 찾고 싶어 하는 열망이 있어요. 제가 요즘 많이 붙들고 씨름하는 생각은 제가 정말 죄인이라는 사실입니다. 때로는 그리스도를 증거하기를 부끄러워한 적도 있습니다. 그렇게 하면 내가 곤란한 상황에 빠지거나 사람들이 당황할까 봐 짐짓 걱정했기 때문이었습니다. 자신을 철저히 부인하고 '모든 걸' 다 줄 수 있느냐 하는 것은 늘 우리에게 도전이 됩니다. 하나님이 우리에게 뭘 원하실지는 아무도 몰라요. 하지만 자기 자신을 부인하고 그리스도의 십자가를 지면 마음에 깊은 평화가 찾아올 뿐만 아니라 커다란 기쁨마저 솟아오릅니다. 하나님이 저를 본향 집으로 부르실 그날에 떳떳하게 "저 여기 있습니다"라고 답할 준비를 하고 싶어요.

아내와 나는 죽어가는 사람들 곁을 많이 지켜왔다. 그때 보면 다른 사람을 섬기는 삶을 살았던 사람의 마지막은 뭔가 다르다. 얼굴에 평화가 어려 있고 방안에도 평화의 기운이 가득하다. 하지만 자기만을 위해 산 사람은 눈에 띄게 힘겨워하고, 무시무시한 유령처럼 다가오는 죽음을 앞두고 어떤 일이 닥칠지 무서워한다. 물론 섬김의 삶을 산 사람이라도 때때로 주저하기는 매한가지다. 생전에 나의 아버지는 인생을 "다 이루었는가?" 하고 자주 자문한다고 하셨다. 하지만 삶의 마지막 순간에도 평화를 찾을 수 있다는 사실을 의심해서는 안 된다. 독일의 목사 크리스토프 프리드리히 블룸하르트는 이렇게 말한다.

삶에서 가장 중요한 질문은 아마도 "내가 이 땅에서 해야 할 임무를 다 이루었는가?"일 겁니다. 이 질문에 "예"라고 대답할 수 있다면 기쁘게 죽음을 맞이할 수 있을 것입니다. 그게 예수님이 "다 이루었다"라고 말씀하신 이유입니다. 해야 할 일을 다 이루지 못하면 슬픔이 우리를 집어 삼키고 맙니다. 미처 끝내지 못한 많은 일들이 우리의 발목을 잡는 까닭에 우리는 슬피 웁니다. 하지만 하나님이 하실 겁니다. 엉망이 된 모든 것을 제자리로 돌려놓고 새로 발 디딜 자리를 마련하실 겁니다.

우리가 진정으로 바라는 것이 그거라면, 우리가 미처 끝내지 못한 일을 하나님이 우리를 위해 끝마치실 겁니다.

섬기고 용서하다 보면 하나님이 정하신 때를 맞을 준비가 될 것이다. 죽음이 언제 성큼 다가올지는 아무도 모른다. 예수님은 그것이 밤에 도둑처럼 온다고 말씀하셨다(마 24:43). 모두가 내 친구 벤처럼 화해의 기회를 얻는 것은 아니지만, 어려움이 닥치고 두려울 때 우리는 다음과 같은 예수님의 약속을 붙잡아야 한다.

너희는 마음에 근심하지 말라. 하나님을 믿으니 또 나를 믿으라. 내 아버지 집에 거할 곳이 많도다. 그렇지 않으면 너희에게 일렀으리라. 내가 너희를 위하여 거처를 예비하러 가노니 가서 너희를 위하여 거처를 예비하면 내가 다시 와서 너희를 내게로 영접하여 나 있는 곳에 너희도 있게 하리라. 내가 어디로 가는지 그 길을 너희가 아느니라(요 14:1-4).

내가 상처 입힌 사람과
화해하지 못하고,
내게 상처 줬던 사람을
용서하지 않은 채
이 세상을 떠나는 일은
여간 힘든 게 아니다.

9

작별 인사할 기회를
놓치지 마라

|

나보다 먼저 떠날지도 모르는 배우자나 친구에게
작별을 고할 준비를 해야 한다.
남은 사람이 가야 할 길을 생각하면
이 일은 생각보다 중요하다.

죽음이 가까워졌다고 생각하면 정리할 일이 쌓이는 건 사실이지만, 그런 일에 주의를 온통 빼앗겨서는 안 된다. 삶을 마무리하는 시간은 다른 어떤 때보다 영적인 문제와 영원의 일에 마음을 쏟아야 할 때다.

마찬가지로 아직 시간이 있을 때 나의 죽음 뒤에 일어날 일을 분명히 하는 것은 잘못이 아니다. 유언을 남기고 동의를 얻는 것도 그중에 하나다. 작별을 순조롭게 하려면 유산이나 돈 문제 때문에 다툼이 일어날 여지를 남기지 않도록 신경 써야 한다. 예수님도 말씀하지 않으셨던가? "너희가 하나님과 재물을 겸하여 섬기지 못하느니라"(마 6:24). 평화란 은행 통장과 비길 데 없이 아주 소중하다.

상황마다 다르고 가족마다 다르니 왈가왈부하고 싶지는 않지만, 인공적인 방법으로 생명을 연장하려는 시도는 조심해야 한다. 이런저런 의학적 개입이 한 사람의 생명을 잠시 붙들고 있을지는 몰라도 고통을 덜어주는 데는 전혀 도움이 안 되기 때문이다. 자칫하면 죽음의 여정을 오히려 길게 늘어뜨리고, 자유로워지기를 바라는 몸과 영혼을 구속할 수 있다. 게다가 그런 시술은 턱없이 비싸기만 하다. 저마다 이 세상을 떠날 시간이 오기 마련인데, 그 시간을 순순히 받아들이면 나도, 나를 사랑하는 사람들도 '연장된 몇 주의 삶'이 안겨주는 것보다 훨씬 더 깊은 평화를 누릴 수 있다.

이런 정서와 관련해 의료계와 노인 모두 인정하는 한 가지 현상이 있다. 지난 20-30년 사이에 노인들의 임종을 돕는 호스피스 시설이 눈에 띄게 늘었다. 왜 그렇게 많은 사람이 자기 집이 아니라 살균된 중환자실 침대에 누워서 의료기기에 의지하다 죽어가는 걸까? 열이면 열 정보가 없고 다른 대안이 없기 때문이다. 그래서 본인이 미리 자신의 뜻을 분명히 하지 않으면, 가족들은 앞뒤 재지 않고 쓰러진 노인을 반사적으로 응급실로 데려가기 마련이다.

친구나 가족의 어쩔 수 없는 죽음 앞에서 평정심을 유지하기란 쉬운 일이 아니다. 하지만 분명한 것이 하나 있다. 검사를 더 받거나 수술을 더 잡는다고 해서 평화가 찾아오는 건 아니라는 것이다. 나는 사랑하는 사람들과 함께 죽음을 받아들일 때 놀라운 평온이 찾아오는 장면을 여러 번 목격했다. 예를 들어 가족들이 의학적인 상태를 충분히 검토한 뒤 죽어가는 사람의 뜻을 존중해 생명 유지 장치를 떼기로 결정할 때가 그런 경우다. 그렇게 사랑하는 사람을 하나님의 손에 맡기면 깊은 평화가 찾아온다.

언제 어떻게 작별 인사를 하느냐는 중요하지 않다. 안녕이라고 말하는 것 자체가 중요하다. 처남인 클라우스 마이어가 경험한 일을 나는 아직도 기억한다. 처가의 장남인 클라우스는 아버지인 한스와 아주 가까웠다. 장인어른이 돌아가셨을 때 클라우스는 나이지리아에 살고 있었는데, 워낙 오지라 전화 통화도 겨우 할 정도였다. 하지만 클라우스는 나이지리아로 떠나기 전에 혹시나 마지막이 될지도 모른다는 생각에 그동안 아버지와 있었던 모든 오해를 풀었다. 그래서 갑작스럽게 아버지가 돌아가셨을 때에도 놀랄 만큼 침착하게 부고를 받아들일 수 있었다. 몇 달 전 작별 인사를 할 때 아버지와 평화롭게 헤어졌기 때문이다. 하지만 부모님의 임종 순간을 놓치고 죄책감과 분노에 짓눌려 평생 마음의 짐을 안고 사는 사람이 얼마나 많은가?

죽음을 앞둔 사람의 눈앞에는 좋았던 일과 나빴던 일을 포함하여 지나온 인생 전체가 주마등처럼 스쳐간다는 말을 자주 듣는다. 좋았던 시절, 험난했던 시간을 돌이키자면 묘하게도 낯선 과거가 생생하게 되살아난다고 한다. 그런 순간에는 한쪽 눈에는 눈물이, 다른 한쪽 눈에는 웃음이 어릴 것이다. 그렇게 마지막 순간이 다가올 때 우리 마음에 평화가 깃드는 것이 무엇보다 중요하지 않을까? 우리 모두 마음속 깊이 하나님이 계신 천국에 가기를 바란다.

누구나 인생의 마지막이 다가온다는 사실을 받아들이기 힘들어한다. 남편이 불치병에 걸린 부부와 편지를 주고받은 적이 있다. 한번은 두 사람에게 바울의 말을 적어 보냈다. "그러므로 우리가 낙심하지 아니하노니 우리의 겉사람은 낡아지나 우리의 속사람은 날로 새로워지도다. 우리가 잠시 받는 환난의 경한 것이 지극히 크고 영원한 영광의 중한 것을 우리에게 이루게 함이니 우리가 주목하는 것은 보이는 것이 아니요 보이지 않는 것이니 보이는 것은 잠깐이요 보이지 않는 것은 영원함이라"(고후 4:16−18).

사실 이 말에 모든 것이 담겨 있다. 죽음이란 용기를 재는 가장 어려운 마지막 시험이다. 삶이 얼마 남지 않았다는 것을 알게 되었을 때 가장 좋은 대처법은 죽음을 직시하고 우리의 능력이 약해져야 하나님의 사랑이 온전해진다는 사실을 받아들이는 것이다. 하나님의 능력은 우리의 강함이 아니라 약한 데서 드러나기 때문이다(고후 12:9). 그때부터는 매 순간이 소중해진다. 사랑하는 이의 얼굴을 쳐다보고 함께 웃고 울어라. 그리고 두 사람 사이의 사랑이 약해지지 않고 더욱 강해지도록 기도하라.

내 차례가 언제 올지 아는 사람은 없지만 준비는 할 수 있다. 가죽 세공 장인이었던 나의 친구 카를 카이덜링은 큰 심장 수술을 받아야 했다. 카를은 집으로 다시 돌아올 수 있을 것으로 생각했지만, 그걸 당연하게 여기지도 않았다. 입원하기 전날, 그는 '돌아와서' 쓸 공구가 모두 날카롭게 손질이 됐는지를 챙겼다. 말수가 적은 사람이 일부러 교회 모임 시간에 일어나 자기는 아무에게도 묵은 감정이 없다고, 만약 자기가 누군가에게 상처 준 것이 있다면 용서해달라고 말했다. 카를의 아내 클레어는 이렇게 기억했다.

남편이 얼마 전에 이런 성경 구절을 읽었어요. "참새 두 마리가 한 앗사리온에 팔리지 않느냐. 그러나 너희 아버지께서 허락하지 아니하시면 그 하나도 땅에 떨어지지 아니하리라"(마 10:29). 그래서 남편은 자기 생명을 하나님 손에 맡겼죠. 저는 그때 잠시 휠체어 신세를 지고 있었는데, 남편이 수술 받고 나서 우리 둘 다 24시간 돌보는 사람이 필요하면 어쩌나 걱정이었지요. 하지만 남편은 아무것도 걱정하지 말라고 했어요. "하나님이 지금까지 우릴 이렇게 돌보셨으니 앞으로도 괜찮을 거요." 남편은 또 내게 당부했답니다. "이제 바쁘게 돌아다닐 수 없으니까 다른 사람을 위해 쓸 시간이 생긴 거야. 일부러 시간을 내서 사랑을 표현하는 걸 잊지 말구려."

남편은 딸에게도 이런 말을 했어요. "너하고 엄마에게 미리 고맙다고 말하고 싶구나. 병원에서 내 곁을 지켜주는 거 말이다. 어쩌면 내가 말을 못하게 될 때가 찾아올지도 몰라. 그래도 노래도 불러주고 말도 걸어주렴. 마음속으로 고마워할 테니." 우리는 남편 부탁대로 했고, 그렇게 해서 기뻤습니다. 그후 남편은 다시는 우리에게 말을 할 수 없게 되었어요. 수술을 받고 깨어나지 못했죠.

클레어처럼 나보다 먼저 떠날지도 모르는 배우자나 친구에게 작별을 고할 준비를 해야 한다. 남은 사람이 걸어가야 할 길을 생각하면 이 일은 생각보다 중요하다. 하나님은 전투에서 승리하도록 우리에게 각기 다른 자리를 정해주신다. 조금 더이 땅에 머물러야 하는 사람이 있는가 하면, 다른 세상에서의 싸움을 위해 이 땅을 떠나야 하는 사람도 있다. 부모님이나 가까운 친구, 동료 목사를 잃을 때마다 죽음이 좀 더 크게 다가온다. 그래서 다음은 내 차례일지 모른다는 생각도 한다. 하지만 세상을 떠나는 사람들 주위에 감도는 평화를 떠올리면 마지막날을 제대로 살았을 때 기다리는 보상을 기대하게 된다.

미국의 시인 랄프 왈도 에머슨은 〈종착역〉이라는 시에서 많은 작가가 그러하듯이 죽음을 바다의 항해에 비유했다.

자신이 곧 죽는다는 것을 아는 사람이
믿고 사랑하는 이들에게
둘러싸여 있는 순간은 얼마나 아름다운가.

폭풍 속을 날갯짓하며 균형 잡는 새처럼

시간의 폭풍을 더듬으며 항해한다

방향타를 돌리고, 돛대를 조절한다

그대여, 해 질 녘 들려오는 소리에 순종하라

새벽녘에 순종했던 그 목소리,

"충성스런 종아, 두려워마라

앞으로 가라, 안심하고 가라

고난이 값진 항구가 멀지 않았다

파도마저 아름답지 않은가"

믿음을 지키고 두려움을 떨쳐버릴 때 다음 항구로 향하는 아름다운 여행을 하게 된다. 그러나 여전히 이 세상에 이별을 고하는 일은 인생에서 가장 어려운 일이다. 하지만 그때가 오면 시편 시인의 말처럼 도움의 손길이 우리를 기다린다. "네 짐을 여호와께 맡기라. 그가 너를 붙드시고 의인의 요동함을 영원히 허락하지 아니하시리로다"(시 55:22). 찬양은 그런 시간에 위안을 주곤 한다. 지난 몇 년 사이에 나는 찬송가 〈내 평생에 가는 길〉을 사랑하게 되었다. 아내와 아이들을 잃은 사람이 지은 이 노래는 강력한 힘을 지니고 있다.

내 평생에 가는 길 순탄하여

늘 잔잔한 강 같든지

큰 풍파로 무섭고 어렵든지

나의 영혼은 늘 편하다

내 지은 죄 주홍빛 같더라도

주 예수께 다 아뢰면

그 십자가 피로써 다 씻으사

흰 눈보다 더 정하겠네

저 공중에 구름이 일어나며

큰 나팔이 울려날 때

주 오셔서 세상을 심판해도

나의 영혼은 겁 없겠네

자신이 곧 죽는다는 것을 아는 사람이 믿고 사랑하는 이들에게 둘러싸여 있는 순간은 얼마나 아름다운가. 하지만 지금 이 순간, 이 중대한 시간을 자녀나 배우자, 친구나 동료도 없이 혼자서 겪는 사람도 있을 것이다. 하지만 예수님이 함께하시니 안심하라. 혹시 모두가 떠난 뒤라도 그분은 당신을 저버리지 않으신다. 당신을 품에 안고 하나님나라로 데려가시려고 기다리고 계신다. 그분의 약속을 굳게 붙들면 나중에 받을 보상은 아주 클 것이다. 특별히 이 세상의 마지막 순간이 힘겨울 때는 더욱더 그렇다. 비록 버림받은 것처럼 외롭거나 어떤 일이 닥쳐오더라도 예수님을 의지하라. 요한계시록은 이렇게 말한다.

내가 들으니 보좌에서 큰 음성이 나서 이르되 보라 하나님의 장막이 사람들과 함께 있으매 하나님이 그들과 함께 계시리니 그들은 하나님의 백성이 되고 하나님은 친히 그들과 함께 계셔서 모든 눈물을 그 눈에서 닦아주시니 다시는 사망이 없고 애통하는 것이나 곡하는 것이나 아픈 것이 다시 있지 아니하리니 처음 것들이 다 지나갔음이러라(계 21:3-4).

10

사랑하는 사람이
떠난 뒤에도
삶은 계속된다

|

Rich in Years

사랑하는 이가 먼저 떠난 뒤 얼마나 잘 슬퍼하고,
쓸쓸한 괴로움에서 빠져나와 새로운 기쁨 가운데로
얼마나 잘 나아가느냐가 중요하다.

누군가가 죽었다는 생생한 현실은 분명 남아 있는 사람이 감당하기 어려운 것이다. 그래서 "왜 이런 일이 나에게 일어난 걸까?" 하고 묻기도 한다. 만약 내가 죽으면 우리 가족은 어떻게 견딜까 하는 걱정으로 괴로워하는 사람은 다음의 시편 구절에서 힘을 얻길 바란다. "여호와는 마음이 상한 자를 가까이 하시고 충심으로 통회하는 자를 구원하시는도다"(시 34:18).

　내가 목사로서 섬기면서 가장 감동을 받았던 순간은 사십 년, 오십 년, 심지어 육십 년을 함께 살던 부부가 배우자를 먼저 떠나보내는 모습을 지켜볼 때였다. 대부분 하나님을 향한 깊은 믿음을 지녔던 분들이다. 그들은 한 남자와 한 여자로서 서로에게 깊이 헌신했고, 그것만이 건강하고 안정된 결혼생활의 기초라고 믿었다. 물론 삶이 순탄한 것만은 아니어서 고통과 어려움을 견뎌내야만 했다. 대공황을 지나온 사람도 있고 큰 전쟁에서 살아남은 이도 있다. 이렇게 생사고락을 함께한 부부인데, 한 사람이 먼저 떠나면 남은 사람이 깊은 충격을 받는 것은 너무나 당연하다. 하지만 그래도 끝내 힘겨운 상황을 받아들이는 힘을 보고 놀라곤 한다.

우리 교회에 다니는 셀머라는 젊은 여성은 조부모인 짐과 쟈넷 워런의 관계에서 그런 힘을 보았다.

고등학교를 졸업하고 나서 24시간 간호가 필요한 할머니를 돌보게 됐습니다. 그때 할아버지가 할머니를 돌보시던 모습을 지금도 잊지 못해요. 할아버지는 끝까지 할머니 곁을 지키셨어요. 힘겨운 밤을 보낸 날에도 할아버지는 이렇게 말씀하셨죠. "61년 전에 이렇게 하기로 약속했는데, 이제 와서 물러설 수는 없지." 끝내 할머니가 돌아가실 때에도 할아버지는 그곳에 계셨어요. 할머니의 죽음 앞에서 할아버지가 하신 기도를 저는 잊지 못해요. "감사합니다, 하나님. 감사합니다. 61년 동안 함께한 시간 감사합니다. 감사합니다, 감사합니다."

배우자가 세상을 떠났을 때 무엇이 우리에게 이런 평화를 가져다주는 것일까? 짐 워런처럼 기품 있게 아내의 죽음을 받아들일 수 있을지, 솔직히 자신이 없다. 중요한 것은 배우자를 잃은 사람이 겪는 아픔을 대충 덮어두지 말고 충분히 슬퍼하게 놔두는 것이 아닐까. 피할 수 없는 이 과정을 재빨리 넘겨버리고 최대한 빨리 '정상 생활'로 돌아가려고 하니 문제가 생기는 법이다. 몇 주가 지나면 힘든 마음도 끝이 나길 바라지만, 꼭 그렇게 되지 않으니 탈이다.

남겨진 이의 삶이 옛날과 같을 수 없는 것은 분명하다. 하지만 슬픔의 시간을 지나면서 예수님이 주시는 진정한 평화를 발견하게 되는 것 또한 사실이다. 대개 그런 시간은 홀로 견뎌야 한다. 배우자를 잃은 사람은 때때로 가족이나 가까운 친구를 멀리 하고 문을 걸어 잠그고 깊은 슬픔에 잠기기도 한다. 그런 때에도 하나님은 늘 곁에 계신다.

슬픔의 시간을 겪지 않으면 진정한 치유도 없다. 영적으로 잠잠해진 다음 하나님께 도움을 요청해야 한다. 고개를 숙이고 침울해할 필요 없다. 슬픔에 잠긴 그 시간이 오히려 영혼이 치유되고 기쁨을 얻는 기회가 될 수 있다. 이걸 알게 되면 슬퍼하는 것이 고인을 기리는 일이 될 수 있다.

나는 이런 모습을 부모님의 삶에서 목격했다. 어머니는 아버지보다 건강하셨는데 오히려 아버지가 어머니보다 2년을 더 사셨다. 46년 동안 함께 살면서 부모님은 하나님이 허락하신 많은 일을 겪었고 서로 깊이 사랑했다. 어머니와의 사별은 아버지의 마음을 찢어놓았다. 어머니 없이 어떻게 해야 할지 막

막해했다. 망망한 외로움의 시간을 겪으셨을 텐데도, 외아들인 나는 당시에 그 사실을 충분히 인식하지 못했다.

아버지는 마더 테레사의 이 말을 아주 좋아하셨다. "우리는 하나님을 찾아야 합니다. 하지만 그분은 소음과 동요 속에서 만날 수 있는 분이 아닙니다. 하나님은 침묵의 친구이십니다. 자연이 침묵 속에서 자라는 걸 보세요. 나무와 꽃, 풀을 보세요. 달과 해, 별이 침묵 속에서 움직이는 모습을 보세요. 사람들의 영혼에 다가가려면 침묵해야 합니다."

이 말은 아버지가 충분히 슬퍼할 수 있도록 도왔다. 어머니가 돌아가시고 아버지는 숱한 시간을 침묵과 기도로 보냈다. 그저 하나님을 찾고 그분과 가까워지고 싶은 마음뿐이었다. 그때 아버지와 함께 시간을 더 보내고 하나님이 주시는 순간을 함께 경험했어야 했는데 나는 다른 일로 너무나 바빴다. 그랬던 것이 나중에 두고두고 후회가 되었다. 어머니가 돌아가시고 아버지와 내가 함께했던 일 중 하나는 어머니가 젊었을 때 쓴 일기와 편지를 함께 읽어나간 일이다. 어머니가 쓴 글을 읽자니 어머니의 삶이 생생하게 되살아났고 우리 가족도 한결 더 가까워지는 것 같았다. 사실 이렇게 하는 것이 사랑하는 사람을 먼저 보내고 슬퍼하는 가족에게 도움이 된다. 사랑하는 이가 남긴 편지나 일기를 함께 읽으면서 그가 살았던 삶을 되살려보는 것이다.

아버지는 십 대 때부터 마이스터 에크하르트 같은 신비주의 사상가에게 관심이 많았다. 에크하르트는 침묵과 기도를 강조했던 인물이다. 그래서 십 대 때부터 침묵과 기도는 아버지의 인생에서 중요한 자리를 차지했고 침묵과 기도가 곧 아버지가 살아가는 방식이었다. 아마도 그 때문에 많은 사람이 아버지를 사랑했고, 아버지를 처음 만나는 사람도 아버지에게 자신의 이야기를 털어놓았을 것이다. 아버지는 기도와 침묵 속에서 생의 끝자락에 찾아오는 유혹에 맞서 싸울 힘을 얻으셨고 다른 이들을 도울 기회도 얻었다.

사랑하는 사람을 먼저 보내고 슬픔이 우리를 덮칠지라도 우리 남은 자들은 다른 이들이 힘과 용기를 얻는 근원이 될 수 있다. 활달한 할머니 질 바르트는 이 일이 얼마나 어려운지, 그리고 또 얼마나 보람이 되는지 직접 경험했다.

남편 스테판이 어떤 전문의도 손을 쓰지 못하는 뇌종양에 걸렸다는 걸 알게 된 날, 남편이 이 세상에 있을 날이 얼마 남지 않았다는 사실을 받아들이기가 너무나 힘들었습니다. 그렇게 건장한 사람이, 꽃과 정원을 사랑하고 삽을 들고 손수 수천 그루의 과일나무와 관목을 심은 사람이 곧 죽을 거라니요. 공교롭게도 그날은 우리가 약혼한 지 46년이 되는 날이어서 더 힘들었습니다. 아이들이 꽃을 선물했지만, 슬픔을 떨치기가 쉽지 않았어요.

하지만 스테판은 태연히 말했습니다. "그냥 대충 받아들이든지, 아니면 기꺼이 받아들이고 하나님 앞에 엎드리든지 둘 중 하나야." 그는 흐르는 눈물을 닦으며 말을 이었습니다. "고개 떨구지 마요. 이제부터 우리는 살아 있음을 축하하고 모든 사람과 더불어 즐거움을 나눌 거니까." 남편이 이렇게 온전히 받아들인 덕분에 저도 괜한 걱정과 섣부른 추측을 그만둘 수 있었습니다.

시간이 흐르자 남편은 더 이상 '나만의' 남편이 아니었어요. 우리 집 문을 활짝 열고 친구 및 이웃과 함께 남편을 나눠야 했고, 집은 손님으로 넘쳤죠. 사람들은 추억을 나누고 웃음과 눈물도 함께 나눴습니다. 종양이 자라고 있다는 끔찍한 생각이 날 때마다 스테판이 했던 도전의 말을 떠올렸습니다. "살아 있음에 감사하고 축하합시다."

하지만 남편도 현실을 무시하지는 못했어요. 자기에게 중요했던 것들을 하나씩 내려놨습니다. 손수 심은 감귤과 포도나무가 자라는 과수원, 아끼는 트럭 열쇠, 이웃과 매주 즐기던 카드놀이를 포기했습니다. 그래도 남편의 입에서 안타까운 탄식이 나온 건 한 번뿐이었어요. "죽는 데 너무 오래 걸려." 사실 이 말도 불평은 아니었습니다. 두 달 반이 지나자 이별의 순간이 다가왔습니다. 남겨진 우리는 눈물을 흘리며 남편의 죽음이 승리이고 남편은 자신의 임무를 모두 완수한 거라고 확신했습니다.

그리고 저는 홀로 남았습니다. 스테판이 세상을 떠나고 몇 달 후 주위 사람들이 사랑으로 저를 감쌌습니다. 남편이 많이 그리웠지만, 그 사랑이 제게 큰 힘이 되었습니다. 남편이 가고 나서 처음 비가 내리던 날 나도 모르게 뛰어 나가 남편의 비옷을 챙겼습니다. 하지만 남편의 몸은 이미 흙 속에 묻혀 있다는 게 기억났습니다. 집에 와서 텅 빈 남편의 안락의자를 바라보니 왠지 가슴이 아리더군요. 작은 것들, 우리가 즐겨 부르던 노래, 함께 갔던 곳, 함께 쳐다보던 빛나는 별들, 이 모든 게 제 가슴을 찢어놓고 숨을 못 쉬게 조여왔어요.

다른 사람들이 걱정하지 않게 눈물을 꾹 참았는데 나중에야 그게 실수란 걸 알았습니다. 그냥 흐르게 놔뒀어야 하는 거였어요. 용감한 척했지만 사실은 아니었습니다. 사랑하는 사람을 잃는다는 게 어떤 건지 아무것도 몰랐던 거지요. 오래전에 어머니가 그러셨어요. 아버지가 죽고 나자 아무도 아버지 얘기를 안 하더라고요. 마치 아버지가 세상에 존재하지 않았던 것처럼 말이에요. 누가 아버지 이름이라도 불러주길 애타게 바랐는데 말입니다. 제 속에도 그렇게 위로받고 싶은 마음이 있다는 걸 알지 못했어요.

남편과 저는 오랫동안 작은 회사에서 함께 일했는데 그때

가서 보니 동료들과 저는 어떤 연결점도 없는 것처럼 보였습니다. 스테판은 제 삶과 일터에서 바로 그런 존재였어요. 이상하게 들릴지 모르지만 마치 제가 그림자 같다는 생각이 들었습니다. 그래서 인생에서 내가 해야 할 역할이 뭔지 찾으려고 애썼어요. 목사님이 그러는데 누군가 죽으면 남은 사람이 할 일은 슬퍼하는 거랍니다. 저처럼 배우자를 잃고 힘들어하는 사람들을 만나봤습니다. 그리고 알게 되었어요. 새로운 사람들을 만나고 유대관계를 형성해야 아픔을 이겨내고 다시 새롭게 살 수 있다는 것을요. 스테판이 죽어갈 때 그 사람을 다른 이들과 함께 '나누어야' 했듯이 남편을 생각하며 혼자 슬퍼하는 대신 나를, 나의 시간과 에너지를 다른 이들과 함께 나누어야 한다는 생각이 들었습니다.

이것을 온전히 깨닫기까지 아마 이삼 년이 걸렸던 것 같아요. 그래도 저는 새로운 평화를 얻었고 스테판과 함께했던 세월을 다시금 감사하게 되었어요. 그리고 사람이 죽는다고 사랑이 끝나는 것이 아니라 영원으로부터 지금 이 땅에 사는 우리 마음에 와 닿는다는 사실을 알게 되었습니다.

나의 할머니 에미 아놀드도 슬픔과 이별이 꼭 절망과 외로움으로 이어져야 하는 것은 아님을 삶으로 보여주었다. 우리는 할머니를 오마(Oma, 독일어로 할머니라는 뜻)라고 불렀다. 할머니는 라트비아 수도인 리가의 귀족 집안에서 태어났다. 부모님은 리가 시에서 유명한 대학 교수이자 지도자였다. 할머니는 이십 대 초반에 회심을 경험하고 세례를 받았다. 뒤에 에버하르트 아놀드와 결혼한 후 1920년에 독일의 한 시골에서 작은 공동체를 시작했다. 산상수훈(마 5-7장)에 기록된 예수님의 가르침을 실천하기 위해서였다.

당연히 두 분은 당시 정권을 잡은 히틀러를 거침없이 비판했다. 그런데 1935년에 할아버지가 부러져서 심하게 감염된 다리를 절단하는 수술을 받고 갑자기 돌아가셨다. 1937년, 전쟁이 절정에 이르자 할머니는 나의 부모님과 다른 동료들과 함께 독일을 빠져나와 배를 타고 잠수함으로 가득한 바다를 헤쳐 파라과이로 향했다.

할머니는 45년이나 남편 없이 홀로 살았다. 그토록 사랑했던 남편 없이 지낸 세월은 무척 외로웠을 것이다. 하지만 절대 자신의 처지가 불쌍하다고 생각하지 않고, 늘 다른 사람에게 따뜻한 손을 내밀었다. 아이들은 할머니를 사랑했고 늘 할머니 곁에 몰려들었다. 할머니는 피아노 연주를 즐기고 포크송과 찬송을 좋아했다. 글도 잘 쓰고 세계 곳곳의 사람들과 두루 편지를 주고받았다.

할머니는 삶을 즐겼다. 특히 성탄절과 부활절을 좋아했고 자신의 생일을 손꼽아 기다리며 많은 사람을 초대하곤 했다.

할머니를 차에 태우고 아름다운 캐츠킬 산길을 지나다 차를 세우고 장엄한 풍경을 즐기거나 커피 한 잔을 마시던 일이 지금도 기억난다. 그때마다 할머니와 신앙, 결혼, 자녀, 공동체에 관하여 나누었던 대화는 내게 큰 영향을 끼쳤다. 특히 저명한 신학자였던 할아버지가 특정 주제에 대해 어떻게 생각했는지 들려주실 때는 귀를 쫑긋 세우고 들었다.

나이 들어 쇠약해졌어도 할머니는 찾아오는 사람들을 반갑게 맞았다. 아흔다섯의 나이로 세상을 떠날 때까지도 여전히 기쁨과 열정을 내뿜으셨다. 우리 가족뿐만 아니라 오랜 세월 할머니가 사랑했던 사람들은 할머니를 잃고 크게 아파했다. 할머니가 남긴 유산을 생각하면 요한계시록의 한 구절이 생각난다. 이 구절은 할머니와 할아버지의 묘비에도 새겨져 있다. "주 안에서 죽는 자들은 복이 있도다. … 그들이 수고를 그치고 쉬리니 이는 그들의 행한 일이 따름이라"(계 14:13).

모두가 결혼하는 것도 아니고, 모두가 평생 배우자와 함께하는 것도 아니다. 그리고 모두가 나의 할머니처럼 배우자와 그렇게 깊고 친밀한 관계를 맺는 것도 아니다. 하지만 우리는 모든 죽음에 애통해야 하고, 이 땅을 떠나는 모든 영혼을 위해 슬퍼해야 한다.

사랑하는 이가 먼저 떠난 뒤 얼마나 잘 슬퍼하고, 쓸쓸한 괴로움에서 빠져나와 새로운 기쁨 가운데로 얼마나 잘 나아가느냐에 따라 우리는 노년에 평화를 누리고 삶의 목적도 찾게 된다. 침울하게 웅크리고 지난 일들을 되뇌면, 나의 아버지와 할머니, 질 바르트처럼 슬픔을 긍정적인 방향으로 활용할 기회를 놓치고 만다.

우리보다 먼저 다른 곳으로 간 사람들은 여전히 이 땅에 사는 우리와 이어져 있으니 안심하라. 나의 할아버지는 할머니에게 쓴 마지막 편지에 이렇게 적었다. "영원 속에서 당신을 위해 하나님께 기도하겠소." 너무나 심오한 말이라 다 이해하기는 어렵지만, 그래도 믿음을 지닌 이들에게는 큰 위로가 되는 말이다.

우리는 모든 죽음에
애통해야 하고,
이 땅을 떠나는 모든 영혼을 위해
슬퍼해야 한다.

11

죽음,
새로운 시작을 향하여

|

믿음이 없으면 죽음을 상실과 슬픔으로 여기지만,
믿음이 있으면 죽음을 기쁨과 승리로 여긴다.
죽어야 비로소 새로운 삶이 시작된다.

한 의사가 왕진을 갔다. 환자는 죽는 게 두렵다며 '저 세상'에는 뭐가 있느냐고 물었다. 그때 방문 밖에서 나는 소리를 들으며 의사는 이렇게 대답했다.

들리세요? 제가 기르는 개예요. 아래층에 두고 왔는데 참기 힘들었는지 올라왔네요. 제 목소리가 들리나 봐요. 문 너머에 뭐가 있는지는 모르지만, 제가 있는 건 분명히 알죠. 마찬가지 아닌가요? 저 세상에 뭐가 있는지 정확히는 모르지만, 주님이 계시다는 건 분명히 아시잖아요.

A. M. 헌터가 들려준 이 이야기는 생의 끝자락에 이르렀을 때 지녀야 할 믿음이 무엇인지 보여준다. 모든 이들이 늙어가

는 것을 두려워하듯 죽음도 두려워한다. 하지만 우리가 그저 이 세상을 위해 지어진 것이 아니라 무언가 더 위대한 것을 위해 지어졌다는 사실을 알기 전에는 이 두려움을 극복할 방법이 없다. 죽음을 다른 세상으로 향하는 디딤돌로, 끝이 아니라 인간이 겪는 경험의 일부로 볼 때 죽음을 더 잘 다룰 수 있다.

사도 바울은 우리에게 이렇게 당부한다. "형제들아 자는 자들에 관하여는 너희가 알지 못함을 우리가 원하지 아니하노니 이는 소망 없는 다른 이와 같이 슬퍼하지 않게 하려 함이라. 우리가 예수께서 죽으셨다가 다시 살아나심을 믿을진대 이와 같이 예수 안에서 자는 자들도 하나님이 그와 함께 데리고 오시리라"(살전 4:13-14).

이 말을 진정으로 믿는다면 문 너머에 '무엇'이 있는지 걱정할 이유가 없다. 그곳에 '누가' 있는지 알기 때문이다. 바로 우리 주님이신 예수님이 계시다는 사실 말이다. 그러면 이 땅에서의 삶이 언제든 끝날 수 있다는 사실을 알아도 죽음 이후에 또 다른 삶이 있다는 확신을 갖고 살기 마련이다.

동네에서 식당을 하는 사람과 길게 말씨름을 한 적이 있다. 그는 죽으면 모든 것이 끝난다고 믿었다. 죽음 뒤에는 삶도 없고 천국도 없다고 굳게 믿었다. 그런 시각은 하나님의 위대하심과 만물을 구속하시고 화목하게 하시는 하나님의 능력을 고려하지 않은 것이다(골 1:20).

그런 생각을 하는 사람이 많지만, 영원이라는 개념, 즉 죽음 뒤에도 생명이 있다는 믿음은 사실 기독교만의 관념이 아니다. 유대교와 이슬람교, 불교, 힌두교 모두 사후 세계를 믿는다. 예수님은 아버지의 집에 우리를 위해 거처를 예비하신다고 말씀하셨다. 스코틀랜드 태생의 작가 조지 맥도날드는 이에 대해 이렇게 말한다.

여기에서 살면 어떻고, 저기에서 살면 어떻습니까? 우리를 이곳에 보내신 그분이 다시 우리를 저곳으로 보내실 텐데요. 저도 삶에 엄청나게 관심이 많습니다. 하지만 어디서 사는지는 별로 신경 쓰지 않습니다. 이곳을 이렇게 살만하게 만드신 분이라면, 이다음에 거하게 될 곳도 충분히 믿을 만하니까요.

우리네 삶은 끝내 시들고 마는 꽃처럼 짧다. 선지자 이사야는 이렇게 말했다. "모든 육체는 풀이요 그의 모든 아름다움은 들의 꽃과 같으니 풀은 마르고 꽃이 시듦은 여호와의 기운이 그 위에 붊이라. 이 백성은 실로 풀이로다"(사 40:6-7). 야고보는 이렇게 말한다. "너희 생명이 무엇이냐 너희는 잠깐 보이다가 없어지는 안개니라"(약 4:14). 이런 현실을 바꿀 수 있다고 믿는 것은 어리석은 생각이다. 모든 것이 하나님의 원대한 계획의 일부라는 것을 끝내 이해하지 못하면, 모든 일이 우울하게 다가오게 마련이다.

성경이 암시하듯이 영원이란 우리가 지금 살고 있는 삶이 끝없이 이어지는 것을 뜻하지 않는다. 우리가 알고 있는 삶은 곧 끝이 난다. 영원은 새로운 삶을 뜻한다. 죽음의 파괴적인 힘에서 벗어나 고귀한 사랑이 통치하는 풍성한 삶을 새로 시작하는 것을 의미한다. 영원한 생명을 주시겠다는 약속은 얼마나 오래 사는가의 문제가 아니라 어떤 삶을 사는가의 문제다. 평화롭게 서로 사귀고 모든 것이 윤택한 그런 삶을 지금 바로 시작할 수 있다.

우리는 저마다 마음속 깊이 하나님이 주시기로 약속한 것을 갈망한다. 그것은 새로운 존재, 즉 새로운 집에서 결핍이나 욕구 때문에 괴로워하지 않는 몸으로 사는 것이다. "만일 땅에 있는 우리의 장막 집이 무너지면 하나님께서 지으신 집 곧 손으로 지은 것이 아니요 하늘에 있는 영원한 집이 우리에게 있는 줄 아느니라. 참으로 우리가 여기 있어 탄식하며 하늘로부터 오는 우리 처소로 덧입기를 간절히 사모하노라"(고후 5:1-2).

하나님은 우리 모두를 하나님나라에 맞아들이길 원하신다. 그러나 우리 역시 지금 이 땅에서 사는 동안 하나님나라를 바라며 일해야 한다. 지금 우리가 이곳에서 하는 일은 현재를 뛰어넘는 중요한 일이다. 그런데 우리는 덧없는 쾌락을 좇느라 시간을 허비하고 정작 중요한 것을 잊고 산다. 썩을 양식을 위하여 일하지 말고 영생하도록 있는 양식을 위하여 일해야 한다는 사실 말이다(요 6:27).

이런 삶의 태도야말로 '영원을 바라보며 사는 삶'이라 할 수 있다. 우리의 몸은 이 세상에 있지만 마음과 생각은 다음 세상을 준비하는 그런 삶 말이다. 인디언 쇼니족 추장 테쿰세가 이것을 기가 막히게 표현했다.

죽음의 공포가 마음을 점령하지 않도록 사세요. 삶을 사랑하고, 흠 없이 살고, 인생의 모든 것을 아름답게 만드세요. 오래 살면서 다른 사람을 섬길 길을 찾으십시오.

친구를 만나거나 스쳐 지날 때, 심지어 으슥한 곳에서 낯선 사람을 만날 때에도 항상 경의를 표하세요. 모든 사람을 존중하되 누구에게도 굽실거리지 마세요. 아침에 일어나면 먹을 것이 있고 삶의 기쁨이 있다는 것에 감사해야 합니다. 감사할 이유가 없다고 느낀다면, 그것은 당신 잘못입니다.

죽음을 맞을 때가 오면 죽음의 공포에 사로잡혀 옛날과 다르게 살아볼 시간을 조금만 더 달라고 울며 매달리지 마세요. 죽음의 찬가를 부르고, 집으로 돌아가는 영웅처럼 죽음을 맞이하십시오.

영원을 바라보며 사는 것은 땅이 아닌 하늘에 보물을 쌓는

하나님은 우리 각자의 길을 정하실 때
우리를 향한 목적을 가지고 계셨고

그 목적은 우리의 상상을 뛰어넘는 것이다.
그 목적을 다 이룰 때 우리는 영원한 생명을 얻게 된다.

것을 뜻한다(마 6:19-20). 또한 영원을 바라보며 사는 것은 사람이 떡으로만 살 것이 아니라 하나님의 입에서 나오는 모든 말씀으로 살아야 한다는 것을 깨닫는다는 뜻이다(마 4:4). 예수님이 우리에게 생명수를 주시는 줄을 안다는 뜻이다. "예수께서 대답하여 이르시되 이 물을 마시는 자마다 다시 목마르려니와 내가 주는 물을 마시는 자는 영원히 목마르지 아니하리니 내가 주는 물은 그 속에서 영생하도록 솟아나는 샘물이 되리라"(요 4:13-14).

인생의 황혼에 접어든 뒤 아내와 나는 인생에서 정말 중요한 것이 무엇인지를 종종 묻는다. 그럴 때마다 우리가 할 수 있는 일은 하나님이 우리를 부르실 그 순간을 준비하고, 다른 사람이 죽음을 맞을 때 그가 이 세상에서 다음 세상으로 이어지는 다리를 잘 건너도록 곁에서 돕는 것뿐이라는 사실을 새삼 깨닫는다.

우리 모두가 스스로에게 같은 질문을 하며 산다면 큰 도움이 될 것이다. 이것은 나이와 상관없는 질문이다. 젊음은 인생에서 가장 훌륭한 시기에 속하지만, 젊은이들이 영원에 관심을 가질 때에야 비로소 젊음의 기쁨도 진정으로 완전해진다. 노년도 마찬가지다. 죽을 운명만 생각하다가 우리가 영원에 가까워지고 있다는 사실을 놓치면, 노년은 고통과 외로움, 우울함에 짓눌리게 된다.

영원을 바라보며 살려면 바울이 말하는 그런 믿음이 필요하다. "믿음은 바라는 것들의 실상이요 보이지 않는 것들의 증거니"(히 11:1). 믿음이 없으면 이 땅에서의 삶이 끝나는 것을 두려워하지만, 믿음이 있으면 이 모든 두려움이 사라진다. 믿음이 없으면 죽음을 상실과 슬픔으로 여기지만, 믿음이 있으면 죽음을 기쁨과 승리로 여긴다. 우리가 죽어야 비로소 새로운 삶이 시작된다.

사도 요한은 "한 알의 밀이 땅에 떨어져 죽지 아니하면 한 알 그대로 있고 죽으면 많은 열매를 맺느니라"(요 12:24)라며 우리를 일깨운다. 하나님은 우리 모두가 영원 안에서 자라고 꽃을 피우고 열매 맺기를 바라신다.

영원을 준비하다 보면 이런 물음에 맞닥뜨리기 마련이다. "죽으면 내게 어떤 일이 일어날까?" 하지만 두려워할 필요 없다. "그러므로 이제 그리스도 예수 안에 있는 자에게는 결코 정죄함이 없나니 이는 그리스도 예수 안에 있는 생명의 성령의 법이 죄와 사망의 법에서 너를 해방하였음이라"(롬 8:1-2).

전도서를 쓴 히브리인이 아름답게 노래하듯이 삶에는,

날 때가 있고 죽을 때가 있으며
심을 때가 있고 심은 것을 뽑을 때가 있으며
죽일 때가 있고 치료할 때가 있으며

헐 때가 있고 세울 때가 있으며

울 때가 있고 웃을 때가 있으며

슬퍼할 때가 있고 춤출 때가 있으며

돌을 던져 버릴 때가 있고 돌을 거둘 때가 있으며

안을 때가 있고 안는 일을 멀리 할 때가 있으며

찾을 때가 있고 잃을 때가 있으며

지킬 때가 있고 버릴 때가 있으며

찢을 때가 있고 꿰맬 때가 있으며

잠잠할 때가 있고 말할 때가 있으며

사랑할 때가 있고 미워할 때가 있으며

전쟁할 때가 있고 평화할 때가 있느니라(3:2-8).

전도서는 이렇게 이어진다.

하나님이 인생들에게 노고를 주사 애쓰게 하신 것을 내가 보
았노라. 하나님이 모든 것을 지으시되 때를 따라 아름답게 하
셨고 또 사람들에게는 영원을 사모하는 마음을 주셨느니라.
그러나 하나님이 하시는 일의 시종을 사람으로 측량할 수 없
게 하셨도다(10-11절).

우리의 삶이 우리가 경험하고 만지고 보는 것만으로 이루

어져 있다면, 그건 너무나도 제한된 삶이 될 것이다. 영원은 이루 헤아릴 수 없이 위대하다. 영원을 바라보며 살면, 우리는 바울이 말한 대로 이 세상에 보이는 것 너머에 존재하는 진짜 세상을 보게 된다. "우리가 지금은 거울로 보는 것 같이 희미하나 그때에는 얼굴과 얼굴을 대하여 볼 것이요. 지금은 내가 부분적으로 아나 그때에는 주께서 나를 아신 것 같이 내가 온전히 알리라"(고전 13:12).

하나님은 우리 각자를 이 세상을 위해 지으셨다. 하지만 영원을 위해서도 지으셨고 한 사람 한 사람을 위한 계획도 갖고 계신다. 따라서 이 땅에서의 삶만을 위해 살면 결과는 뻔하다. 반대로 하나님 앞에서 신실하게 산 사람들은 "자기 아버지 나라에서 해와 같이 빛나리라"(마 13:43)라는 약속을 받았다. 바울은 이렇게 말한다. "너희가 육신대로 살면 반드시 죽을 것이로되 영으로써 몸의 행실을 죽이면 살리니"(롬 8:13). 이것이 우리의 목표가 되어야 하지 않을까?

물론 온 힘을 다해 살아도 실수하게 마련이다. 그래도 하나님은 우리를 쓰신다. 이 세상에서는 완벽하지 않더라도 영원에 이르러 완벽해질 수 있다. 나의 친구 엘렌이 그토록 아끼는 로버트 브라우닝의 시는 이렇게 끝을 맺는다.

당신이 지으셨으니 가져다 쓰십시오

감춰진 흠이라도 보이면 고치세요

엉망진창 실수나, 빗나간 일 모두를!

내 시간은 당신의 손에 있습니다!

계획하신 대로 잔을 빚으소서!

나이가 젊음을 승인하듯이,

죽음도 똑같이 완성하기를!

영원을 바라보며 살면 육체에 죽음이 찾아오기 전에 죽음을 이길 기회를 얻는다. 하나님이 우리 각자의 삶에서 어떻게 일하시는지 이해하게 되고 섬김과 사랑, 용서라는 그분의 길을 따를 힘이 생긴다. 그래서 우선은 죽음을, 궁극적으로는 영원한 삶을 맞을 준비를 하게 된다. 하나님은 우리 각자의 길을 정하실 때 우리를 향한 목적을 가지고 계셨고 그 목적은 우리의 상상을 뛰어넘는 것이다. 그 목적을 다 이룰 때 우리는 영원한 생명을 얻게 된다.

예수께서 이르시되 나는 부활이요 생명이니 나를 믿는 자는 죽어도 살겠고 무릇 살아서 나를 믿는 자는 영원히 죽지 아니하리니(요 11:25-26).

나가는 말

　아내와 내가 이 책에 담을 이야기들을 모으는 데 많은 사람이 도움을 주었다. 먼저 오랫동안 자료를 모으고 원고를 검토하느라 애쓴 편집장 레드 짐머만과 동료인 미리암 매티스, 에미 마리아 블라우, 엘자 블라우, 해나 라임스에게 고마운 마음을 전한다. 플라우 출판사의 모든 식구들에게도 감사한다. 그들의 도움이 없었다면 이 책이 나오지 못했을 것이다.

　이 책을 쓰면서 아내와 나는 생각할 거리를 많이 얻었다. 이 책에서 묘사한 노년에 겪는 온갖 두려움은 사실 우리 부부가 겪는 일이기도 하다. 책을 읽는 독자들이 어떤 생각을 할지 짐작이 가고, 우리 부부 역시 공감한다고 감히 말씀드린다. 우리가 찾은 답은 예수님을 신뢰하는 것이다. 시련이 닥쳐올 때 그분은 우리 곁에 계신다. 예수님은 우리에게 평화를 약속하셨다. 그것은 '세상이 주는 평화'가 아니라 '세상이 알지도 못하는' 평화다. 인생의 황혼녘에 이런 평화를 찾는 것은 너무나도 중요하다. 내가 먼저 평화를 찾으면, 다른 사람이 평화를 찾게 도울 힘이 생긴다.

많은 사람과 인터뷰하면서 비슷한 생각을 가진 이들을 친구로 사귀게 되었다. 그들이 털어놓는, 믿기 힘들 정도로 놀라운 이야기들은 내가 계속 글을 쓰도록 영감을 불어넣었다. 그리고 그들에게서 한 가지 공통점을 발견한 것이 있다. 이들이 지닌 도덕적 가치는 모두 어린 시절과 청년기에 부모님과 선생님으로부터 배웠다는 점이다. 이들은 한결같이 옳고 그름을 분별하는 양심의 소리에 귀를 기울이는 것을 중요하게 여겼다. 이들의 삶은 아이들이 부모가 있는 가정, 그러니까 남편과 아내가 "죽음이 우리를 갈라놓을 때까지 함께하겠다"는 결혼 서약을 지키는 가정에서 자랄 때 얼마나 많은 것이 달라질 수 있는지 보여준다. 부디 우리 세대가 이런 유산을 다음 세대에게도 그대로 물려주기를 바란다.

나 역시 이 세상에 머물 날이 얼마 남지 않았다. 그렇다고 어깨를 축 늘어뜨리는 대신 아내와 나는 이것을 긍정적인 경험으로 받아들이기로 했다. 수많은 이들이 깊은 사랑과 신뢰를 주셨으니 앞날을 희망과 감사함으로 맞으련다. 하나님께 감사할 일이 정말로 많다. 46년 동안 우리 부부를 하나로 묶으셨고 여덟 명의 자녀와 마흔두 명의 손주로 우리 결혼을 축복하셨다. 그리고 조만간 첫 증손주도 보게 될 참이다. 처음 결혼할 때만 해도 이런 날이 오리라고는 생각도 못했다.

이 책을 읽어주신 분들에게 고마움을 전한다. 다른 이들에게도 권하고 가능한 많은 분에게 희망의 메시지를 전할 수 있게 도와주길 바란다. 이 책을 읽고 든 생각이 있다면 함께 나눠 주면 참 좋겠다. 플라우 출판사를 통해 우리 부부에게 연락할 수 있다. 홈페이지 www.plough.com

2013년 9월